国家级职业教育规划教材

全国职业院校烹饪专业教材

饮食业基础知识

卢红华　主编

简　介

本书为全国职业院校烹饪专业教材，内容包括饮食业概述、饮食企业组织结构与人员配备、菜单策划与设计、原材料管理、厨房生产与管理、餐厅服务与管理、饮食成本核算与控制、饮食企业市场营销等。本书内容实用，难易适中，切合职业院校教学实际。

本书由卢红华任主编，王爱明、陈慧婵参与编写。

图书在版编目（CIP）数据

饮食业基础知识 / 卢红华主编. --北京：中国劳动社会保障出版社，2021
全国职业院校烹饪专业教材
ISBN 978-7-5167-5055-1

Ⅰ.①饮…　Ⅱ.①卢…　Ⅲ.①饮食业-基本知识-中等专业学校-教材　Ⅳ.①F719

中国版本图书馆CIP数据核字（2021）第217068号

中国劳动社会保障出版社出版发行
（北京市惠新东街1号　邮政编码：100029）
*
北京华联印刷有限公司印刷装订　　新华书店经销
787毫米×1092毫米　16开本　12.5印张　226千字
2021年11月第1版　2025年12月第5次印刷
定价：29.00元

营销中心电话：400-606-6496
出版社网址：http://www.class.com.cn
http://jg.class.com.cn

前 言

近年来，随着我国社会经济、技术的发展，以及人们生活水平的提高，餐饮行业也在不断创新中向前发展。餐饮业规模逐年增长，新标准、新技术、新设备和新方法不断出现，人们对餐饮的需求也日益丰富多样。随着餐饮行业的发展，餐饮企业对从业人员的知识水平和职业能力水平提出了更高的要求。为了培养更加符合餐饮企业需要的技能人才，我们组织了一批教学经验丰富、实践能力强的一线教师和行业、企业专家，在充分调研的基础上，编写了这套全国职业院校烹饪专业教材。

本套教材主要有以下几个特点：

第一，体系完整，覆盖面广。教材包括烹饪专业基础知识、基本操作技能及典型菜品烹饪技术等多个系列数十个品种，涵盖了中式烹调技法、西式烹调技法及面点制作等各方面知识，并涉及饮食营养卫生、烹饪原料、餐饮企业管理等内容，基本覆盖了目前烹饪专业教学各方面的内容，能够满足职业院校烹饪教学所需。

第二，理实结合，先进实用。教材本着“学以致用”的原则，根据餐饮企业的工作实际安排教材的结构和内容，将理论知识与操作技能有机融合，突出对学生实际操作能力的培养。教材根据餐饮行业的现状和发展趋势，尽可能多地体现新知识、新技术、新方法、新设备，使学生达到企业岗位实际要求。

第三，生动直观，资源丰富。教材多采用四色印刷，使烹饪原料的识别、工艺流程的描述、设备工具的使用更加直观生动，从而营造出更加直观的认知环境，提高教材的可读性，激发学生的学习兴趣。教材同

步开发了配套的电子课件及习题册。电子课件及习题册答案可登录中国技工教育网（jg.class.com.cn），搜索相应的书目，在相关资源中下载。部分教材针对教学重点和难点制作了演示视频、音频等多媒体素材，学生扫描二维码即可在线观看或收听相应内容。

本套教材的编写工作得到了有关学校的大力支持，教材的编审人员做了大量的工作，在此，我们表示诚挚的谢意！同时，恳切希望广大读者对教材提出宝贵的意见和建议。

人力资源社会保障部教材办公室

目　录

第一章 饮食业概述

学习目标

1. 掌握饮食业的概念与分类。
2. 了解饮食业的特点。
3. 了解我国饮食业的现状与发展趋势。

饮食业与人民群众的生活紧密相关，发挥着极其重要的作用。饮食业可以扩大内需，拉动、创造和引导消费，提高人民生活质量；可以增加就业机会，广泛吸纳劳动力；可以促进相关产业发展；可以继承和弘扬中华民族传统饮食文化。饮食业是国民经济中一个不可或缺的行业。

第一节　饮食业的概念与分类

饮食业是一个历史悠久的行业，其主要社会职能是为消费者提供餐饮服务。由于经营内容、经营方式及产品特色不同，饮食业又有不同的类型。

一、饮食业的概念

饮食业是指专门从事烹饪加工、出售饮食制品，并提供消费场所、设备和服务性劳动，以满足顾客饮食及相关需求的行业。饮食业范围广，经营形式多样，一般包括各种类型的饭店、酒楼、面食店、小吃店、冷热饮店、酒吧、咖啡厅、早点铺、夜宵店、流动饮食摊，以及宾馆、饭店、招待所、度假村、娱乐场所等单位中的饮食部门。这些商业性饮食企业或饮食部门主要以营利为目的，它们是饮食行业的主体。

从广义上讲，饮食业还应包括以后勤保障为主要目的的饮食服务部门，如各类社会团体、机关和企事业单位的食堂。由于经济发展水平、经营方式与消费方式的差异，不同国家和地区对饮食业的统计范围有一定的差别。我国目前对饮食业的统计范围主要包括各类商业性饮食企业和饮食服务部门。

二、饮食业的分类

国内饮食业的分类主要是为了便于进行评估、方便督导而形成的，大致可分为旅游饭店、传统餐厅、自助餐和快餐业、饮料及冷饮业以及小吃摊贩业五类。

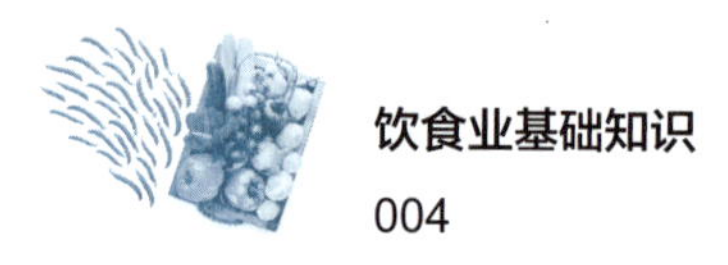

1. 旅游饭店

旅游饭店可分为国际旅游饭店和一般旅游饭店，其中国际旅游饭店除了为国外游客提供住宿服务外，还以高雅的格调、精美的餐具、国际化的餐饮和完善的服务，吸引大量本地的客源。同时，国际旅游饭店场地宽阔，设备齐全，员工专业水准较高，可承办较高档次和较大规模的宴会和会议等。

知名国际酒店集团

1. 洲际酒店集团

洲际酒店集团是一家规模巨大、酒店分布很广的专业酒店集团，具有丰富的国际酒店管理经验。该集团拥有洲际、皇冠假日、假日酒店等多个国际知名酒店品牌。

2. 万豪酒店集团

万豪酒店集团是全球首屈一指的国际酒店集团，在全球数十个国家和地区拥有 4 000 多家酒店。该集团拥有万豪、JW 万豪、万丽、万怡、万豪费尔菲得、艾迪逊、万豪春丘、万豪度假会、丽思卡尔顿、喜来登、瑞吉、豪华精选、W 酒店、艾美、威斯汀等知名酒店品牌。

3. 希尔顿酒店集团

希尔顿酒店集团以微笑服务为理念，以打造宾至如归的奢华舒适体验为目标，是一家规模巨大、发展速度非常快的酒店集团，在近百个国家和地区拥有 4 000 多家酒店、度假村和分时度假酒店。该集团拥有希尔顿、华尔道夫、康莱德、希尔顿逸林和希尔顿花园等酒店品牌。

4. 香格里拉酒店集团

香格里拉酒店集团是一家世界级的酒店集团。该集团拥有香格里拉、嘉里和盛贸饭店等酒店品牌。使用香格里拉品牌的主要为五星级豪华城市酒店和度假酒店。

5. 凯悦酒店集团

凯悦酒店集团是一家世界知名的酒店集团。该集团拥有柏悦、安达仕、君悦、凯悦、凯悦臻选、凯悦尚选、凯悦嘉轩、凯悦悠选等知名酒店品牌。

2. 传统餐厅

传统餐厅是指一般大众外出用餐的场所。按产品口味不同，一般分为中餐厅、西餐厅两种。

（1）中餐厅

中餐厅是指提供中式菜点、饮料和服务的餐厅。其特点是采用中式家具、餐具、茶具，提供中式服务，顾客以中国传统方式进餐。如果其供应的菜式具有鲜明的地方特色，则多冠以地方名称，如川菜餐厅、粤菜餐厅等。

（2）西餐厅

西餐厅是指装潢西化，供应欧美菜点饮料，以西式服务为主的餐厅。为方便不熟悉西餐的消费者，国内大部分西餐厅都供应套餐，其顺序大致是汤、沙拉、主菜、甜点及饮料。有些西餐厅为吸引更多的顾客，还会供应排骨饭、鸡腿饭等某些中式菜品。

3. 自助餐和快餐业

（1）自助餐业

自助餐的宗旨是以低廉的价格快速供应营养丰富、菜式多样的饮食产品。自助餐广泛见于各类社会机构的内部食堂，还有一些饮食企业专营自助餐。

1893 年，美国人汤姆逊在芝加哥购买了一家餐厅，并且成功地引进自助式服务理念，由顾客自主到餐台选取其所喜爱的食物。这家餐厅成为全球第一家自助式餐厅，同时也是第一家使用电动输送带及由中心配给并控制食物供需的餐厅。自助式餐厅成功的关键，在于它将人力成本降至销售额的 15%，相比其他饮食业的人力成本（一般占销售额的 20%~30%）要低很多。

自助餐可以分为两种形式：一种是顾客自行至餐台取菜，而后按所取菜肴数量付账；另一种也是顾客自行取菜，但是一次付费后可以任意取食。这两种形式都是自助型或半自助型（饮料由服务员供应）。

（2）快餐业

我国的快餐业起步较晚，自 1987 年美国肯德基快餐连锁店在中国落户，现代快餐的概念才被引入中国。短短数十年，中国快餐业呈现出传统与现代、中式与西式、高档与低档快餐竞争与并存的市场格局。目前，中国快餐业尚在初创阶段，还处于借鉴、模仿和积累的发展过程中，没有形成体系和规模。但快餐业的消费市场与供应市场已基本形成，在沿海与内陆的一些大中型城市、旅游城市和经济较发达地区，快餐已成为出差、旅游、商务往来等场合，以及流动人口、工薪阶层、学生等人群在外就餐不可缺少的一种饮食方式。

知识链接

餐饮配送和外卖送餐

餐饮配送是指在合理区域范围内，根据客户要求，向消费者专门提供各种酒水、食品，而无须向客户提供设施及场地的配送方式。

外卖送餐是指客户通过网络、电话或到店进行点餐，餐饮企业根据客户点餐单现做后打包，并通过店内人员或第三方订餐平台送餐人员将餐食送到客户手中或指定场所的送餐方式。

据统计，目前我国快餐业的年营业额已经超过 2 000 亿元，其中餐饮配送和外卖送餐的年营业额约占三分之一，而且发展势头十分迅猛。

4. 饮料及冷饮业

近年来，以奶茶店、鲜榨果汁店为代表的现制饮料企业在我国发展十分迅速。随着居民生活水平的不断提高，人们对休闲娱乐、外出旅游的需求增长很快，而奶茶和鲜榨果汁等作为时尚、休闲的消费饮品，正满足了人们的这类需求。

同时，我国居民对冷饮的消费心理和消费行为也都在发生变化，由过去单纯的防暑降温型消费转向休闲享受型消费，我国的冷饮消费正处于快速发展期。目前国内既有传统的冷饮店(见图 1–1)，也有自动冷饮售货机，还有新兴的冰激凌店、酸乳酪店。许多冷饮店装潢现代，格调高雅，实行连锁经营。

图 1–1　传统冷饮店

开好冷饮店需要注意的几个方面

1. 店铺选址

冷饮店要选在人流量比较大的地方，如汽车站、火车站、广场、步行街等。

2. 主打产品

开冷饮店之前，经营者必须规划好自身的主打产品，如冰激凌等。主打产品一定要有自己的口味特色。

3. 店面装修

经营者要注重店面的装修特色，装修风格要温馨，可选择一些合适的背景音乐，同时配以比较适合冷饮店定位的读物，这样能让消费者感受到文化氛围。

4. 服务人员

来冷饮店消费的多数是年轻人，因此，服务人员要尽可能地选择年轻的，这样便于与顾客进行顺畅沟通，同时，也会让顾客感觉到比较有亲和力。

5. 设备采购

采购设备时要货比三家，选择有质量保证的品牌设备，同时，要采购足够的冷藏设备。冷饮业最大的问题是卫生，如果冷藏设备不够，食品原材料被置于室温下，很容易滋生细菌，也容易造成食品污染。

5. 小吃摊贩业

小吃是我国饮食文化的一部分，而小吃摊贩业是小吃服务业中一种常见且重要的类型，多见于集市、儿童乐园、运动场等，与欧美的快餐车类似。小吃摊贩以提供简便快速的食品为主，如茶叶蛋、羊肉串、鸡蛋饼等，供应的食品品种丰富。它们能够充分利用极小的空间，用最少的人力、物力创造最大的利润，而其合理的价格以及与顾客最近距离的地点，也能吸引大量消费者。

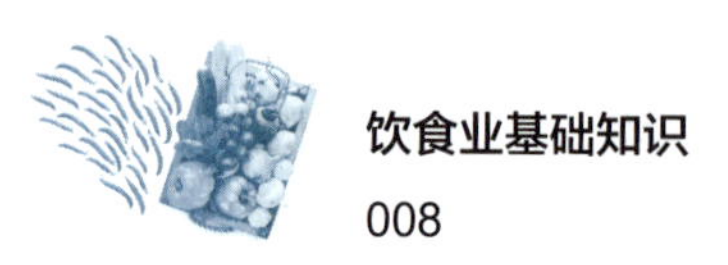

小吃摊贩存在的主要问题

1. 卫生较差

小吃摊贩多采用露天开放式经营，灰尘、蚊蝇随时袭扰，容易滋生病菌，危害消费者健康。

2. 环境脏乱

部分小吃摊贩对废弃物及污水的处理不够及时和规范，容易造成周围环境脏乱，因此会影响顾客的光顾。

3. 食品质量难以保证

小吃摊贩通常只有简陋的厨具，同时又缺乏专业的厨师，因此难以保证食品质量。

由于小吃摊贩具有传统饮食文化的特色，且方便大众，所以不能完全否定其存在价值。对于小吃摊贩存在的问题，监管机构应采取切实可行的办法，如集中管理、组织从业人员培训、完善相关经营管理制度等，以促进小吃摊贩健康发展。

第二节　饮食业的特点

饮食业不同于食品加工业或食品销售业，也不同于单纯提供服务的娱乐服务业，它具有区别于其他行业的基本特点与经营特点。

一、饮食业的基本特点

1. 技艺性

虽然饮食业已引入了许多现代化工具和设备，但在目前条件下，饮食业的劳动主要还是以手工操作为主。因此，讲究技艺性是饮食业区别于其他行业的一个重要特征。中国传统烹饪讲究选料、加工、火候、调味，讲究菜点的色、香、味、形等，中式烹调方法有几十种。饮食业十分重视技艺，追求技艺的精益求精，讲究将精美的菜点与周到的服务相结合，实现二者的完美统一。

2. 地域性

饮食业是在长期的历史发展过程中，随着人类对饮食质量和口味的不断追求而逐步发展的。不同国家、地区、民族的地理、气候、生活环境和生活习惯不同，消费方式各异。各地饮食业在菜肴制作、服务方式等方面都形成了自己的特色和风格，因此，饮食业具有较强的地域性。例如，西餐有法式、美式、俄式、英式之分，中餐有山东（鲁）菜、江苏（淮扬）菜、四川（川）菜和广东（粤）菜之别。鲁菜选料精细，刀法细腻，注重实惠，花色多样，善用葱姜，代表菜有“红烧肘子”“糖醋鲤鱼”“葱爆羊肉”“葱扒海参”等；淮扬菜制作精细，因材施艺，四季有别，浓而不腻，味感清新，讲究造型，代表菜有“松鼠鳜鱼”“淮扬狮子头”“盐水鸭”等；川菜以麻辣、鱼香、怪味、酸辣等为主要特点，代表菜有“鱼香肉丝”“麻婆豆腐”“宫保鸡丁”“樟茶鸭”等；粤菜选料广泛，以鲜、嫩、爽、滑、浓为主要特点，代表菜有“烤乳猪”“咕噜肉”“大良炒鲜奶”“盐焗鸡”“清蒸东星斑”等（上述部分菜品如图 1–2、图 1–3、图 1–4 和图 1–5 所示）。饮食企业在经营活动中，要根据地域特点，因地制宜，体现风味特色，设置有特色的服务项目，才能保持吸引力和竞争力。

● 图 1–2　红烧肘子（鲁菜）

● 图 1–3　松鼠鳜鱼（淮扬菜）

● 图 1–4　鱼香肉丝（川菜）

● 图 1–5　咕噜肉（粤菜）

3. 文化性

饮食产品不仅在风味上具有地域性差异，而且也反映出不同地区人们的生活习惯、消费行为、宗教信仰等方面的文化性差异。饮食业所包含的文化内容具有历史的追溯性和时代的延续性。人们在消费菜品和饮料的同时，能体验和了解一个特定地区、特定时代人们的风俗和礼仪。图 1–6 所示为具有浓厚江南文化特色的“龙井问茶”点心套餐。

饮食产品本身的色、香、味、形、器、名等因素具有丰富的文化内涵。从菜品本身来讲，它的起源、烹制、风味都蕴含一定的文化背景。尤其是一些传统菜品，其历史掌故更具有深厚的文化内涵。就餐环境也是饮食文化的组成部分。餐厅的装潢设计、功能布局、装修装饰风格都体现出一定的文化主题和内涵，都要与其所经营的菜品相协调、相匹配。餐厅的服务、经营理念则从更高层次上展现了饮食文化。

饮食产品的文化性使饮食企业经营的饮食产品具有一定的文化附加价值。饮食产品的文化特征使得饮食企业带有明显的经营特色。饮食企业独有的文化特色是企业融入不同地区文化的基础，也赋予了企业较强的生命力。

图1-6　“龙井问茶”点心套餐

4. 多功能性

饮食除了可以满足人们的基本生理需要外，还具有多种功能。

（1）社交功能

借助就餐活动，人们可以进行深入交流，结识朋友，缩短距离，加深友谊，消除分歧。

（2）休闲功能

和谐雅致的就餐环境可以使人情绪舒畅、精神愉快、身心放松，人们还可以从菜品的掌故和寓意中增长知识、欢娱自我。工作节奏快、生活紧张的人们可以在享用精美食品的同时得到适当的休息，恢复体力和精力。

（3）商业功能

餐厅是洽谈生意的重要场所。不同于严肃的办公场合，餐厅所具有的轻松氛围，往往更有助于一些商业合作项目的实现。

5. 可组合性

饮食业的可组合性主要体现在三个方面：一是原材料的可组合性，二是菜品加工方法及服务方式的可组合性，三是菜品、饮料、环境、服务等要素的综合协调性。这就要求饮食企业不断加强产品开发创新，不仅要适时推出新品种，而且要在保持老品种传统风格的基础上，不断完善提高老品种的生产工艺和产品质量，做到精益求精。

二、饮食业的经营特点

1. 周期性

饮食业的经营活动受到季节、气候、节假日、地理位置、交通条件等多种因素的影响，特别是旅游业的发展程度及季节波动性使饮食业的经营活动呈现一定的周期性。因此，饮食企业应在旺季充分发挥自己的优势，满足消费者的多样化需求，不断提高经济效益；在淡季努力开展营销攻势，提供多种服务，刺激消费，力争淡季不淡。同时，饮食企业要根据业务活动周期性规律，做好人力资源调配和工作安排，提高劳动效率和服务质量，降低费用消耗。

2. 集中性

许多城市的饮食企业往往有一定的集中性。在饮食企业密集的地方，往往会出现“商业吸引商业，人流吸引人流”的现象。在这类地方，各饮食企业大多以其独特的风味吸引众多的消费者。例如，北京的簋街、杭州的胜利河美食一条街等都是各类风味餐厅集中的地方。

3. 要素密集性

饮食业集生产、销售、服务、消费于一体。它不同于单纯的工业、商业和服务业，而是兼有生产、销售和服务三种职能。可以说，饮食业包括了再生产的全过程。饮食业所提供的产品即各类食品饮料是边生产、边销售、边消费，生产、销售和消费的过程都很短，且紧密相连，这种情况决定了饮食业分工细、工种多，各环节之间联系性、依赖性和制约性强。因此，饮食企业要做到管理精细，分工明确，组织严密，调度科学。

4. 风险性

饮食业是一个相对高风险的行业，饮食企业在经营过程中往往会遇到各种各样的风险，主要包括以下几类：

一是市场风险，如同业竞争加剧、消费者购买力下降、消费者群体口味改变、原材料价格上涨等。

二是产品风险，如菜品存在质量问题、老菜品对消费者吸引力下降、新开发菜品不受消费者欢迎等。

三是经营风险，如股东撤资、企业资产负债率高、企业资金周转困难等。

四是管理风险，如企业内部管理混乱、核心员工流失等。

五是公关危机，如因卫生、服务等问题引发公众对企业的质疑和投诉。

这些风险很多是不可控的，既有外部市场方面的，又有企业自身的。而且，饮食企业往往规模有限，抵御风险的能力也偏弱。

第三节　我国饮食业现状与发展趋势

饮食业是一个既古老又现代的产业。我国饮食业的发展和社会、经济、人口、文化、科技等诸多因素息息相关，这些因素决定了我国饮食业的现状与发展趋势。

一、我国饮食业的现状

我国饮食业的现状主要有以下几个特征：

1. 行业规模大，市场前景好

随着国内经济的发展以及人们收入的增长、消费水平的提高和消费习惯的改变，近年来，我国饮食业规模保持了较快的增长速度。而且，从支撑饮食消费的几项核心要素的发展趋势来看，我国饮食业未来的发展潜力仍然十分巨大。

2. 以大众消费为主，贴近百姓生活

大众化经营始终是我国饮食业的主流，各种家常菜馆、火锅店、小吃店、快餐厅等构成了国内饮食企业的主体，近年来发展迅猛的互联网餐饮外卖更是体现了贴近百姓生活的趋势。一些高端、商务型的饮食企业也都在向大众市场转型。

3. 现代经营方式和先进营销理念为传统饮食业带来强大生命力

近年来，我国传统饮食业逐渐将现代企业经营理念、营销理念融入经营活动中，采取连锁经营等现代经营方式，实行各种灵活有效的营销策略，使企业发展充满了活力。据不完全统计，近几年全国前百家饮食企业中，将近半数实行连锁经营。一些新兴的饮食企业充分运用互联网思维，开展创新性的营销活动，在很短时间内便树立起

了品牌形象，收获了市场的青睐。

4. 饮食品种不断创新融合

在饮食业创新发展的过程中，不同菜系之间相互吸收、借鉴和融合，创造出许多富有创意的新品种，使饮食市场呈现百花齐放的繁荣局面。

5. 市场竞争激烈

虽然国内饮食业总体市场规模较大，但因饮食业具有地域性和集中性突出等特点，进入门槛较低，竞争者众多，产品容易出现同质化，所以国内饮食业市场竞争一直以来都十分激烈。

二、我国饮食业的发展趋势

随着社会经济的不断发展和人们生活水平的不断提高，我国饮食业正朝着体验舒适、环境优美、菜品风味突出、服务质量优良、具有养生保健功效等方向发展。

1. 需求端的发展趋势

（1）饮食消费普遍化

随着社会经济的发展以及人们收入水平的提高、消费能力的增强、消费观念的改变，必然会有更多的人用更多的时间选择购买饮食消费服务，选择外出就餐而不是居家烹饪。无论是消费群体数量还是消费频次，其趋势都将是不断增长的。

（2）菜品、菜系潮流化

菜品、菜系潮流化是20世纪90年代起产生的消费现象。例如，“香辣蟹”“红焖羊肉”等都在很短时间内火遍某些地域市场，但有的品种的消费热潮不久后便消退。流行口味一般维持两年左右，流行菜品一般维持一年左右。菜系的更替流行也有一定规律，口味总体呈现由重到淡的趋势。在大众化的饮食消费市场中，未来菜品、菜系的潮流化趋势仍将延续。

（3）饮食口味多样化

随着消费观念和营养健康观念的升级，以及受多元饮食文化的影响，不同消费者对饮食口味的多样化需求会越来越明显。饮食企业对菜品口味的不断创新，也会在客观上刺激消费者对多种口味的追求。例如，一些吃惯中餐的人可能会更多尝试西餐，一些口味偏重的人可能会更多地选择较为清淡的饮食。

（4）就餐方式多元化

随着消费观念的变化，消费者对消费环境、菜品和服务方式等会产生越来越多元、丰富的需求。互联网的发展对这一趋势在一定意义上起到了加强作用。

2. 供给端的发展趋势

（1）经营连锁化

连锁经营可以复制优秀饮食企业在特色产品生产、企业管理等方面的成功之处，使企业迅速扩大规模，占领市场，降低单位成本，是饮食企业发展的一种重要模式。例如，北京的“全聚德”“东来顺”等一些老字号企业都实行了连锁化经营。

（2）菜品、菜系创新化

饮食企业在激烈的市场竞争中为求生存和发展，需要不断创新品种，以适应消费者日益多样化的需求。中餐尤其注重菜品、菜系的创新，通过不断创新来引导潮流、吸引顾客。在一个开放的市场中，不同菜品、不同菜系也会不断相互吸收、借鉴和融合，从而形成多样化的菜品、菜系。

（3）加工制作精细化

在消费升级的趋势下，大众的饮食消费结构必将由“吃饱”向“吃好”转变，一些外观精致、品质精良的菜点必然会越来越受顾客的欢迎。

知识链接

20 世纪 70 年代，伴随香港经济的发展，香港饮食业进入了一个较为兴旺的时期。香港饮食业在发扬粤菜传统的基础上创造出了脍炙人口的新派粤菜，在原材料、设备、烹调技法、格调上都大有创新。

近年来，内地的粤菜在借鉴创新上也迈出了可喜的一步。许多内地粤菜馆博采众长，兼收并蓄，北为南用，西菜中做，推出了许多既有粤菜特色又颇具新意的精品名菜，赢得了市场。继川菜以“物美价廉、味型多样、冲击力强”的特点在北方刮起一阵旋风之后，粤菜又以其“生猛海鲜、空运原料、高水平服务”风靡北方各大城市。

思考与练习

1. 简述饮食业的分类。
2. 简述饮食业的基本特点与经营特点。
3. 我国饮食业的现状如何？发展趋势是什么？

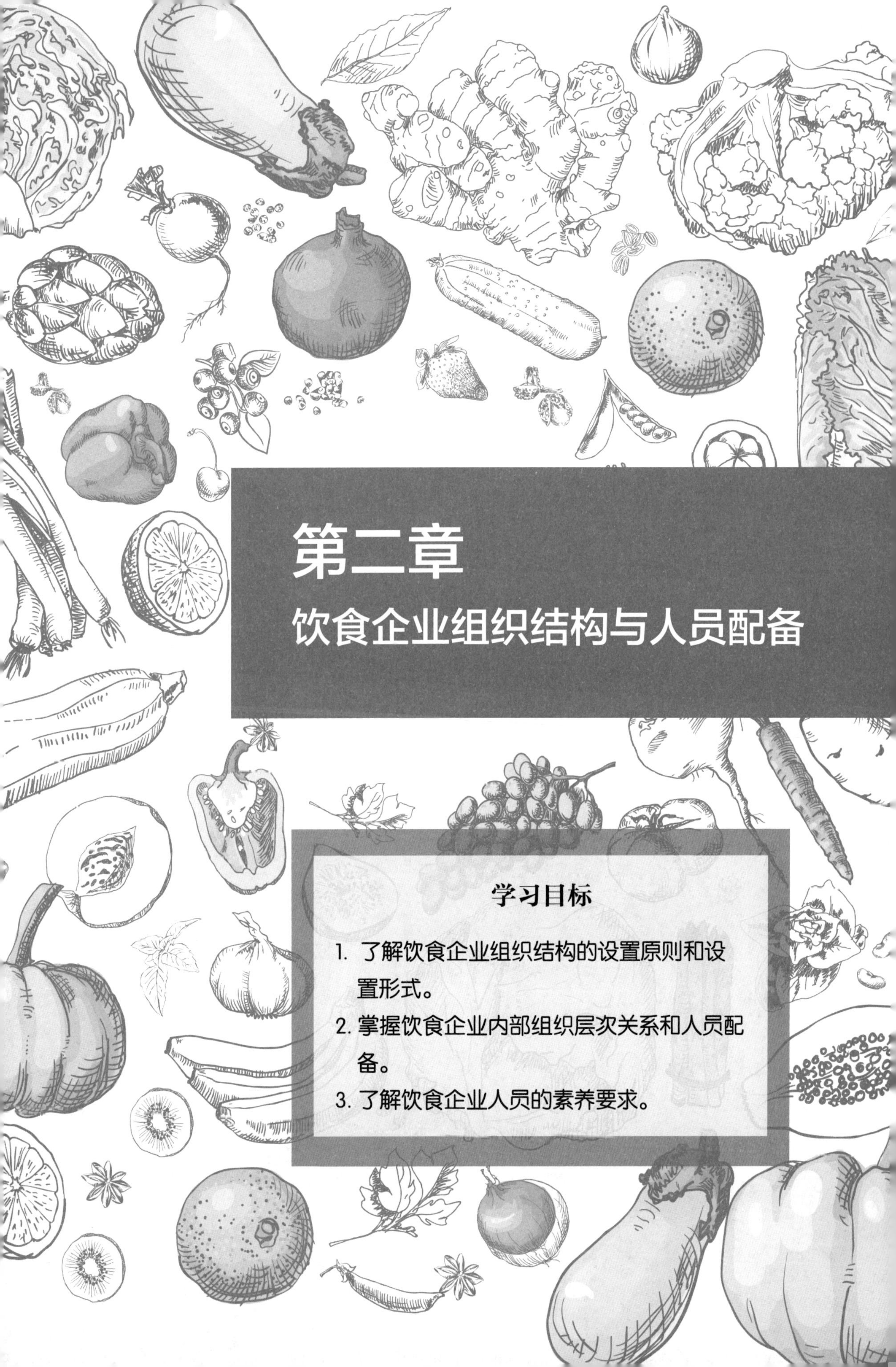

第二章 饮食企业组织结构与人员配备

学习目标

1. 了解饮食企业组织结构的设置原则和设置形式。
2. 掌握饮食企业内部组织层次关系和人员配备。
3. 了解饮食企业人员的素养要求。

企业组织结构是指企业组织内各个部门的空间位置、排列顺序、联结形式以及各要素之间相互关系的一种模式。在饮食企业的生产经营过程中，组织好企业活动，对人、财、物、时间、空间和信息进行合理配置是首要工作。组织结构设置好坏以及人员配备是否科学，直接关系到饮食企业经营的成败。

第一节 饮食企业组织结构

合理有效的组织结构是饮食企业有效开展经营管理、顺利实现经营目标的重要保证。为了保证企业经营活动的顺利进行，饮食企业应科学设置组织结构，合理确定组织形式，使企业的经营活动在统一指挥下，协调一致、卓有成效地加以开展，以全面提高企业的经营管理水平。

一、饮食企业组织结构的设置原则

1. 明确管理幅度，确定管理层次

管理幅度是指一名领导者能够有效直接指挥或控制的下级人员的数量，也称管理幅度。管理幅度的大小取决于领导者和职工的素质、管理活动的复杂程度、各部门在空间的分散程度、职能部门的健全程度以及管理手段是否先进等条件。一般来说，基层组织的有效管理幅度大于上层管理组织。

管理层次是指从企业领导者到基层工作人员之间分级管理的各个层次。管理层次的数量取决于企业规模和管理幅度的大小。例如，某小型饭店 A 有 1 名经理，直接管理 6 名员工，如图 2-1 所示。

此例中，经理直接管理的员工人数为 6 人，即管理幅度为 6 人，而管理层次为 1 层。

又如，某小型饭店 B 有 1 名经理和 6 名普通员工。后来，该饭店在 6 名员工中提拔 2 人为领班，每个领班管理 2 名普通员工，而经理直接管理 2 名领班，如图 2-2 所示。

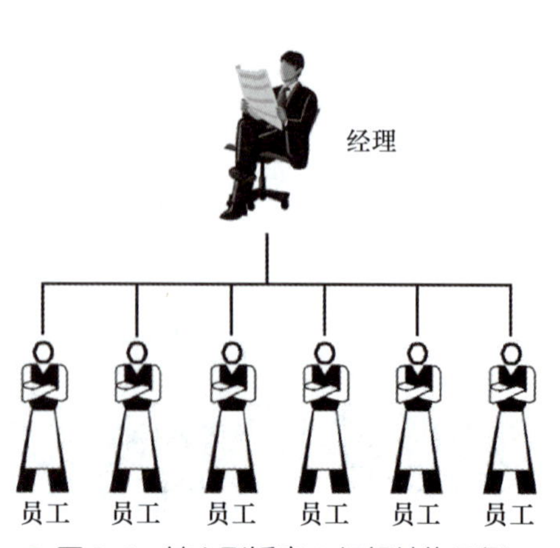

● 图 2-1 某小型饭店 A 组织结构示例

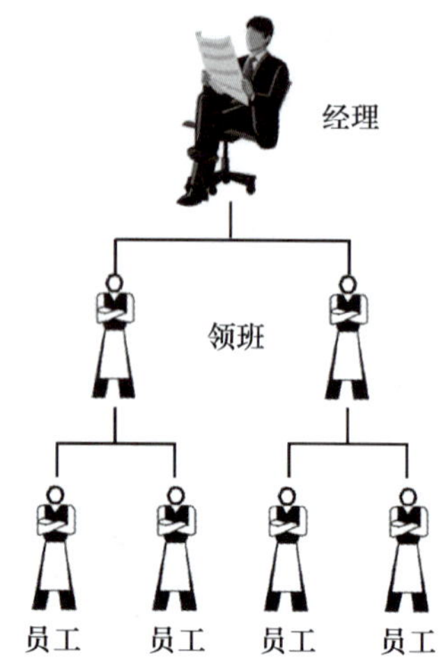

● 图 2-2 某小型饭店 B 组织结构示例

此例中，经理的管理幅度为 2 人，每名领班的管理幅度也是 2 人，而管理层次为 2 层。

在企业规模一定的情况下，管理幅度与管理层次成反比。管理幅度大，被直接管理的人数多，管理层次就可以减少；反之，管理层次则可能增加。如果管理幅度太小，管理层次增多，就会形成部门重叠、信息不灵、事少人多、效率低下的局面；反之，如果管理幅度太大，管理层次减少，事多人少，也难以进行有效的指挥监督，同样不能提高效率。在设置饮食企业的组织结构时，应把管理幅度和管理层次结合起来考虑，力求提高管理人员的管理能力，在扩大管理幅度的基础上，减少管理层次。

2. 实行专业分工，以业务经营为中心

为了提高经营效率，企业应采用专业化的组织结构形式。企业要把各项工作进行适当的分类与分配，确定各个部门的工作种类、范围和职责，并且要以业务经营为中心，重点考虑业务经营的需要。

在饮食企业的各项工作中，生产加工、销售服务业务是经营业务的主体。因此，这类业务部门是饮食企业的主体。首先，企业要合理设置直接负责产品生产、销售业务的部门；其次，企业要合理设置相应的采购、运输、保管等部门，以保障生产和销售业务的需要；最后，企业还要以生产和销售业务为枢纽，设置必要的职能部门和行政事务部门，以保证企业经营目标的实现。

3. 坚持统一指挥，职权与责任相适应

确定企业组织结构，要遵循有利于实行统一领导、分级管理的原则。下级部门只能接受一个上级部门的命令和指挥，不能出现多头指挥。各个管理层次应当实行逐级指挥和逐级负责，一般情况下，不应越级指挥，同时，要实行必要的例外管理。对于那些经常反复出现而已有常规处理措施的管理业务，应当下放给下一级管理层次处理，

只有遇到例外的、特殊的情况和问题，才由上级处理。

各部门应有明确的责任和相应的权力，只有被赋予了一定的权力，各部门才有可能完成其承担的责任和任务。当责任和权力明确且合理时，企业各部门、各成员就能密切配合，顺利开展工作，这样就能充分发挥组织力量，提高工作效率。

4. 符合精简、有效、统一、协调的要求

精简就是管理层次和人员配备要同企业的任务和目标相适应，各部门人员要有足够的工作量，避免部门臃肿，人浮于事。

有效就是要有利于发挥各部门的作用，提高工作效率。

统一就是各部门职责范围应统一划分，重要的规章制度应统一制定，上级发布的指示、命令要统一，不能令出多门、多头领导。最重要的是经营目标要统一，这样才能使各部门形成一个有机整体。

协调就是各部门在职权范围内能自主地履行职责，并能相互协调，同步运转，同时又能根据现实条件的变化，在统一领导下，以不违背管理原则为前提，能自行调整，灵活履行职责，防止扯皮、推诿，提高工作效率。

二、饮食企业内部组织的类型

按照职能不同，饮食企业内部组织可以分为业务经营部门、管理部门和行政事务部门。

1. 业务经营部门

业务经营部门是直接从事原材料采购、储藏以及饮食产品生产、销售和服务的经营部门。各饮食企业的经营规模和范围不同，对业务经营部门的划分也不尽相同。多数企业按经营过程设置生产部（组）或厨房、服务部（组）或餐厅、采购保管组等，有的企业按饮食产品类别设立饭菜部、小吃部，或中餐部、西餐部等。业务经营部门是企业的主体，它的规模和分工直接影响其他部门的设置和划分。

2. 管理部门

管理部门是担负计划、核算、指导、监督和协调工作的部门，如财务、人事部（科、组）等。管理部门是企业管理的直接执行者，与企业经营业务有密切联系，但不直接从事经营。它是企业负责人组织经营活动的助手和参谋，同时还负责对从事业务经营工作的有关人员进行指导、监督，并在专业技术上给予帮助。例如，财务部门应负责对采购人员、营业收款人员进行指导和监督。

管理部门的划分及专业分工程度主要取决于饮食企业的规模。中小型企业一般只配备若干管理人员而不建立管理部门，或者将直接从事生产、服务以外的各类人员（如

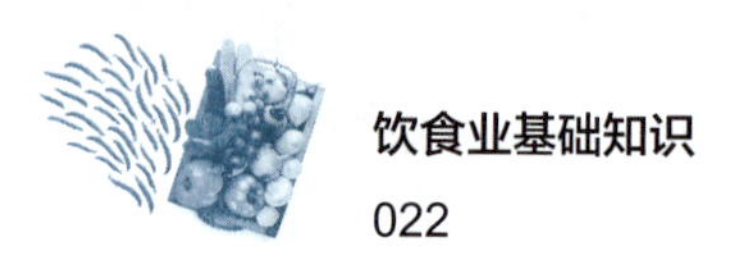

财会人员、采购员、保管员、电工等）编成一个组，直接归经理或副经理领导。只有大型的饮食企业才有比较健全的管理部门。

3. 行政事务部门

行政事务部门是办理企业文书、收发档案以及负责职工培训、生活福利、人事工作和企业日常事务的部门，如人事、秘书、保卫、总务部（科、组）。行政事务部门不直接指导或监督企业的经营活动，但它是保证企业经营活动顺利进行不可或缺的职能部门。小型饮食企业不单独设立行政事务部门，只安排 1~2 名行政管理人员处理企业日常事务工作。中型饮食企业可以综合设置行政事务部门，大型饮食企业可以按不同性质的事务分别设置行政事务部门。

饮食企业的组织结构是不断发展的。各类部门在保持相对稳定的前提下，也会随着经营环境和企业经营管理思路的变化进行调整。例如，有的企业为了更准确地把握消费者需求的变化，会建立信息部门。又如，有的企业为了提高干部和职工素质，会设置教育培训部门。

三、常见饮食企业内部组织

每个饮食企业的具体情况不同，其组织结构也不尽相同。一般来说，大型饮食企业通常设有餐厅部、厨房部、宴会部、采购部、管事部等部门。这些部门的具体职能如下：

1. 餐厅部

餐厅部负责各餐厅食品及饮料的销售，以及餐厅内的布置、管理、清洁、安全与卫生，设有各餐厅经理、领班、领台及服务员。

2. 厨房部

厨房部负责制作菜肴、点心，控制原材料申领，协助安排宴会及拟定餐厅菜单。

3. 宴会部

宴会部负责接洽宴会、会议、酒会、聚会、展览等业务，并负责场地布置、现场服务等工作。

4. 采购部

采购部负责采购企业所需要的原材料、饮料、餐具、设备、日用品等，以及审核食品价格。

5. 管事部

管事部负责企业食品、饮料的控制与管理、成本分析、报表核算、预测等工作。它作为一个独立的部门，直接向上级汇报。

四、饮食企业内部组织的层次关系

企业内部组织的层次关系是指挥与被指挥的关系，是纵向的关系。指挥是管理者或管理部门通过下达各种信息，有效调度、引导和推动下级实现预定经营目标的活动。指挥主要是上级对下级、上层对下层，指挥的对象是人及其活动。指挥主要凭借权力和权威。下级工作人员必须认真完成指挥人员分配的工作任务。饮食企业内部组织的层次关系主要有以下几类：

1. 一级管理

大多数小型饮食企业的经理可以不经过任何中间环节直接对所有下属行使管理权力。这种管理形式只有一个管理层次，没有其他部门，称为一级管理。

2. 二级管理

中小型饮食企业在经理和普通员工之间设置了一个中间管理层，经理通过中间管理层指挥普通员工，如经理→厨师长→普通员工。由于只有两个管理层次，所以这种管理形式称为二级管理。

3. 三级和四级管理

大中型饮食企业普遍采用三级或四级管理形式，即有三个至四个管理层次。例如，经理→厨师长→主管→普通员工，就是三级管理。如果在主管与普通员工之间增设组长层次，就是四级管理。

4. 五级管理

一些大型饮食企业和中外合资饮食企业采用五级管理形式，如总经理→饮食部经理→厨师长→主管→组长→普通员工，或董事会→总经理→餐厅经理→厨房主管→班组长→普通员工。

五、饮食企业组织结构形式

企业组织结构形式通常也称企业内部管理体制。一个企业有若干部门、层次，把各部门、各层次间的相互关系用一种形式固定下来，即形成企业组织结构形式。

企业组织结构形式一般有直线制、职能制和直线职能制三种。饮食企业一般采取直线制和直线职能制两种组织形式。

1. 直线制

在直线制组织结构中，企业经理直接管理或通过一个管理层次来组织经营和管理，企业一般不设职能部门，内部上下级之间实行垂直领导，如图 2–3 所示。

直线制组织结构的优点是，领导与下属关系简单明确，上下直接联系，解决问题及时，有利于克服官僚主义。但由于企业各项管理职权集中于经理一身，要求经理具有多方面的管理知识和组织才能，所以这种组织结构一般适用于中小型饮食企业。

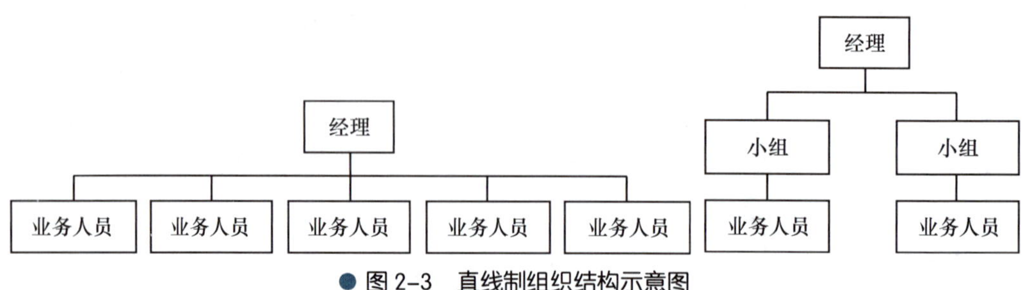

● 图 2-3　直线制组织结构示意图

2. 职能制

职能制是直线制的发展，即在企业内部按管理职能的需要设置若干职能部门，各部门各自负责职能范围内的工作，并有权向下级下达命令和指示。下级部门除了要服从上级领导部门的指挥以外，还要服从各职能部门的指挥。职能制组织结构如图 2-4 所示。

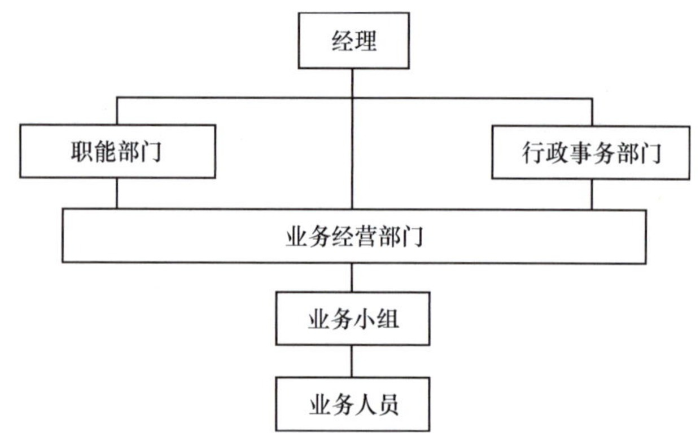

● 图 2-4　职能制组织结构示意图

这种组织结构管理职能分工较细，能充分发挥职能部门的专业管理作用，但其在本质上有较大缺点，即由于令出多门，往往会妨碍企业的集中统一指挥，形成多头领导，不利于明确划分各级负责人和职能部门的职责与权限。

3. 直线职能制

直线职能制是直线制和职能制的结合，它以直线领导为主体，同时设置若干职能部门（人员），发挥其指导、参谋作用。这种组织结构如图 2-5 所示，一般适用于大中型饮食企业。

在直线职能制组织结构下，企业经理对行政业务工作实行统一领导，统一指挥。各生产和服务部门的主管领导本部门的工作，对经理负责。各职能部门只是经理的参谋，对生产和服务部门的工作只起指导、监督作用。如果职能部门需要就其分工范围的工作下达指示，需要经理审批同意。

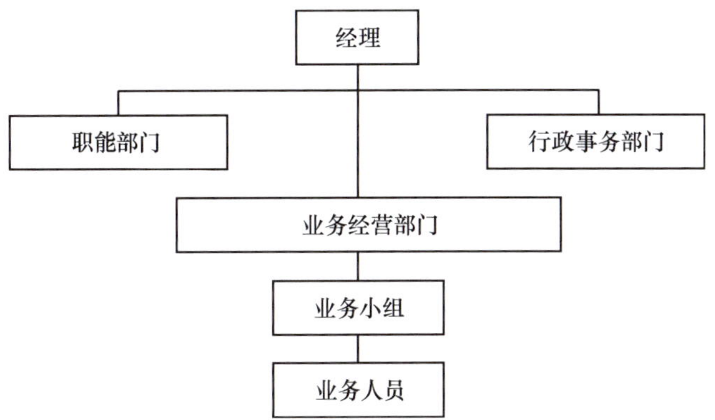

图 2-5　直线职能制组织结构示意图

直线职能制以直线领导为主体，既保持了直线制统一领导的优点，又摒弃了直线制管理粗放的弊端，发挥了职能部门的指导、参谋作用，是一种比较好的组织结构形式。

第二节　饮食企业人员配备

饮食企业人员配备是指在饮食企业组织结构设置的基础上，根据企业的规模、经营目标等，确定各岗位所需配备的人员数量及其相关要求。

一、饮食企业人员配备原则

1. 人尽其用

饮食企业应该最大效率地使用人力资源，做到人尽其用，使每名员工的能力得到充分的发挥。如果不能充分利用人力，浪费人力资源，不仅会造成经济上的损失，还容易造成内耗。

2. 科学合理

饮食企业要采用科学的方法制定企业人员编制。只有依据科学的方法，遵照科学的理论，并结合企业的具体情况制定人员编制，才能给每名员工合理分配工作。例如，大企业需要配置充足的人员，小企业人员可以少而精。又如，现代化设备应用较多的企业，可以配置较少的工作人员。

3. 比例平衡

这里的比例包括前台服务人员与后台服务人员的比例、服务人员与行政人员及其他工作人员的比例等。如果比例失衡，就会造成工作脱节。饮食企业应该尽量增加服务人员的比例，缩减行政人员与其他工作人员的比例，使服务人员的人数与顾客需求保持平衡。

二、厨房岗位人员配备

厨房岗位是饮食企业的核心岗位之一，其人员配备的合理性直接影响劳动力成本、厨师队伍士气、厨房生产效率、菜品质量等，企业对此应进行重点考虑和规划。一般来说，企业应综合考虑自身规模、等级、经营特色、厨房布局和企业组织结构设置等因素配备厨房岗位人员。

1. 确定厨房人员数量

厨房人员数量受饮食企业规模、档次、出品规格要求等因素影响。确定厨房人员数量时应考虑的因素主要包括：一是厨房生产规模的大小，二是相应餐厅餐位的数量，三是厨房的布局和设备情况，四是经营品种的多少、制作难易程度及出品标准要求，五是员工技术水准状况，六是餐厅营业时间的长短。

实践中多采用比例推算法确定厨房人员数量，即按照餐位数和厨房员工数的比例确定。档次较高的饮食企业一般每 13~15 个餐位配 1 名厨房人员，规模较小或规格更高的特色餐饮部门，一般每 7~8 个餐位配 1 名厨房人员。

粤菜厨房一般每 1 个炉头配备 7 名生产人员。例如，2 个炉头一般配 2 名炉灶厨师、2 名打荷师、1 名上杂厨师、2 名砧板厨师、1 名水台和白案厨师、1 名洗碗工、1 名择菜煮饭人员、2 名跑菜员、2 名插班人员。如果炉头数在 6 个以上，可设专职白案厨师。

在其他菜系的厨房中，炉灶厨师与其他岗位（含加工、切配、打荷等岗位）人员人数的比例一般是 1 ∶ 4，点心厨师与冷菜工种人员的比例一般为 1 ∶ 1。

2. 厨师长的选配

厨师长是烹饪工作的主要管理者，厨师长选配恰当与否直接关系到厨房生产经营管理的成败，直接影响厨房生产质量的优劣和厨房生产效益的高低。选配厨师长时，要先明确厨师长的任职要求，再选择合适的人员。厨师长的任职要求主要有以下几个方面：

（1）基本素质

1）具有良好的思想品质，严于律己，有较强的事业心，忠于企业，热爱本职工作。

2）具有良好的体质和心理素质，对业务精益求精，善于人际沟通，工作原则性

强并能灵活解决实际问题。

3）具有开拓创新的精神，具有竞争和夺标意识，机敏好学，有创新菜肴、把握和引导饮食潮流的勇气和能力。

（2）专业知识

1）熟悉不同菜系的风味特点，熟知特色原料、调料的性能、质量要求及加工使用方法。

2）熟悉现代烹饪设备性能，熟知菜肴和点心的制作工艺、操作关键点及成品质量特点，具有研制、开发受顾客欢迎的菜肴新品和点心新品的能力。

3）懂得食品营养的搭配组合，掌握预防食物中毒和食品卫生的有关知识。

4）懂得色彩搭配及食品造型艺术，掌握一定的实用美学知识。

5）具有中等文化知识基础，了解不同地区顾客的风俗习惯、宗教信仰、民族礼仪和饮食喜忌，具有一定的口头表达能力和书面表达能力。

6）熟知成本核算和控制的方法，会查看和分析有关财务报表。

（3）管理能力

1）计划和组织能力。善于制订厨房各项工作计划，并能利用生产组织系统调动集体的智慧和力量，实现各项工作目标。

2）激励能力。有号召力，能针对不同层次、类型的员工进行有效的激励，鼓舞士气。

3）发现、解决问题的能力。善于在错综复杂的矛盾中发现并抓住主要矛盾，对突发事件有果断从容的应变和处理能力。

4）协调、沟通能力。善于发挥信息传递渠道的作用，主动与原材料采供、产品销售等部门处理好协调配合关系。

5）培训能力。善于发现工作中的薄弱环节，及时安排员工培训，提高厨房员工的整体素质。

3. 厨房生产岗位人员安排

厨房生产岗位通常有水台、打荷、切配、炉灶、烧烤等岗位，不同厨房生产岗位对员工的任职要求是不一样的。饮食企业应充分利用人事部门提供的员工背景材料、综合素质及岗前培训情况，将员工分配、安排在合适的岗位。企业安排厨房生产岗位人员时应注意以下内容：

（1）量才使用，因岗设人

厨房选配各岗位人员时，首先应考虑各岗位的任职条件，选中的员工要能胜任工作，履行其岗位职责。同时，要在认真细致地了解员工特长、爱好的基础上，尽可能照顾员工的意愿，让其有发挥聪明才智、施展才华的机会。要力戒因人设岗，否则将为厨房生产和管理留下隐患。

（2）不断优化岗位组合

厨房生产人员分岗到位后，并非一成不变。在生产过程中，可能会发现一些学非所用、用非所长的员工，或者会暴露一些班组群体搭配欠佳、团队协作精神缺乏等现象。这样不仅影响员工的工作情绪和工作效率，久而久之，还可能形生不良风气，妨碍管理。因此，必须视情况优化厨房岗位组合。在优化岗位组合时，注意必须兼顾各岗位尤其是主要技术岗位工作的相对稳定性和连贯性。

三、其他岗位的人员配备

餐厅服务人员、洗碗工、保洁员等其他岗位的人员数量主要按餐厅的等级、规模来配备。

餐厅服务人员与厨房工作人员的比例一般是 2 ∶ 1，其人员配备可根据餐厅具体营业情况做相应调整。餐厅服务人员主要根据餐厅就餐人数来确定，其一般原则是：大厅散客，5 张方桌共 20 人就餐配备 1 名服务人员，2 张圆桌共 20 人就餐也配备 1 名服务人员；一般包间，1 张圆桌共 10 人就餐配备 1 名服务人员；高级宴会包间，1 张圆桌共 10 人就餐配备 1~3 名服务人员。

餐厅内部的非生产服务部门（如总经理办公室、营销部等），可以根据岗位需要定员。管理岗位定员时最好一岗一职，避免推诿扯皮。

第三节 饮食企业人员素质要求

一、饮食企业人员基本职业道德

饮食企业人员包括企业主、管理人员、厨师、服务员、洗碗工、洗菜工、保洁员等各类人员，不管哪类人员，都要严格遵守饮食业基本的职业道德。

1. 爱岗敬业，忠于职守

饮食企业人员要热爱自己的工作，精通本职业务，要以主人翁的心态对待自己的工作，做好自己职责范围内的事。

2. 诚实守信，注重信誉

诚实守信是做人的基本准则。诚实就是表里如一，说老实话，办老实事，做老实人。守信就是信守诺言，讲信誉，重信用，忠实履行自己承担的义务。

3. 尊重顾客，热情服务

饮食企业人员要发自内心地、热忱地为顾客提供优质服务，它体现了服务群众这一职业道德的基本精神。

4. 尊师爱徒，团队协作

尊师爱徒是饮食业特别是厨师的传统职业道德，所有人员都必须做到。同时，饮食企业人员要具备良好的团队协作能力，与同事友好相处，相互配合完成各项任务。

5. 勤于学习，勇于创新

饮食企业人员要不断地积累、更新专业知识和专业技能，适应新原料、新工艺、新技术的不断发展，适应企业竞争、人才竞争的需要。

6. 遵章守纪，严于律己

饮食企业人员要自觉遵守社会公德和企业规章制度，严格约束自己的行为，不做有损企业利益、有损消费者权益的事。

二、饮食企业创业者素质与能力要求

1. 素质要求

（1）具有丰富的行业经验

饮食业具有较强的专业性，只有充分认识和了解饮食行业的特点，掌握必要的烹调技术、食品卫生、菜点酒水、消费者口味、企业管理等多方面知识，熟知创办和运营饮食企业的科学模式、常见误区、主要风险，才能够成功创业。

（2）具有良好的商业心态

创业是一种高风险的行为。经营得好，饮食企业可能迅速发展；经营不当，即使已经树立起品牌的饮食企业也可能快速衰败。正反两面的饮食企业案例在日常生活中屡见不鲜。饮食企业创业者要有良好的商业心态，冷静客观地对待创业中的机遇和风险、成功和失败，采取灵活的对策，在市场中求得长远发展。

（3）具有较强的自信心和压力意识

一旦做好了充分的准备，明确了经营思路，饮食企业创业者就要保持充分自信，贯彻自己的创业设想，即使遇到暂时的困难也不要轻易动摇。当创业取得不同程度的成功时，创业者又要时刻保持压力意识和忧患意识，不满足于现状，把压力转化为前进的动力。

2. 能力要求

（1）规划与统筹能力

卓越的饮食企业创业者必须深谋远虑，富有远见，对企业发展远景有清晰而科学的规划。例如，在市场上打造什么样的品牌形象，用多长时间发展到多大规模，创办多少分店，覆盖哪些地域，打造一支什么样的员工队伍，等等。进行决策规划时，创业者要妥善统筹，充分挖掘利用现有的人力、物力、财力等资源，实现战略目标。

（2）决策能力

饮食企业创业者在很大程度上决定着企业的发展方向、战略，是企业最主要的责任者，因此，创业者需要有较强的决策能力，面对企业发展中的各种问题，宏观的如企业定位、品牌建设、菜品口味特色、队伍建设等，微观的如分派工作、人员协调、化解员工纷争等，都要能够科学地做出决策。

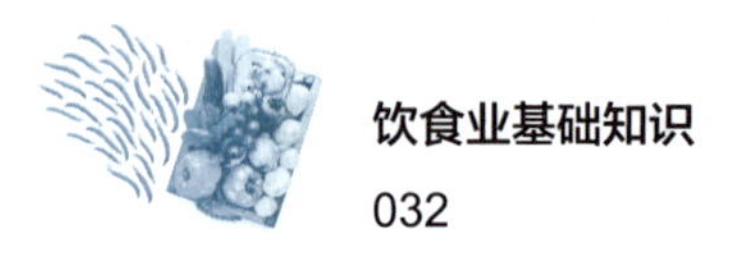

（3）人际交往能力

在创办和经营饮食企业的过程中，创业者要与方方面面的机构和人群打交道，如个人顾客和团体顾客、市场监督管理部门、行业协会、物资供应部门、金融部门、法律部门、同行等，创业者必须有较强的人际交往能力，与相关各方建立良好的合作关系。

（4）沟通能力

饮食企业创业者要有较强的沟通能力，既要与企业的顾客、监督管理部门、供应商等实现良性沟通，也要善于与企业内部人员做好沟通。在遇到沟通障碍时，要能够以积极心态和不懈的努力对待冲突和矛盾。要重视信息的分享，用心倾听各方的意见，并根据实际情况及时做出调整和回应。

如何开办一家小饭店

第一步：选店面。

一是选择企业比较集中的地方（如大型写字楼附近），二是选择居民较为密集的地方，三是选择流动人口较多的地方（如车站附近）。寻找店面的渠道有很多种，可以通过各类广告、门店转手告示寻找，也可以直接找新开发的楼盘。选择好大致地段后，可以直接上门和有关人员联系。

第二步：确定菜品定位。

常见的菜品定位有大众型、商务型、高端型等。确定菜品定位时，比较保险的做法是调查了解清楚一个城市的美食流行大趋势并紧跟该趋势。

第三步：装修。

从消费趋势来看，店面环境在饮食业中变得越来越重要，有时甚至成为开店成败的关键因素。生活中可以经常见到一些装修精致的小饭店，虽然规模不大，但颇受顾客青睐。提升店面环境档次并不意味着投入越多就越好，而是在于高水平的设计。例如，有的土家菜馆设计了泥巴墙来体现自己的菜品特色，花费并不多，但很能吸引顾客。

第四步：招工。

开店前要规划好员工人数，设计好厨师和服务员的比例，明确各岗位员工的任职要求。厨房员工数量要根据菜品数量而定，一般包括炉灶、切配、打荷、洗菜等岗位的人员。

第五步：定制设备。

厨房设备一般包括三大件和若干小件。三大件主要指电器（主要是电冰箱）、炉灶、打荷台，可以到资深厨师推荐的地点或专卖店购买。小件物品主要指小五金，如不锈钢碗盆、砧板、锅铲等，可以在专业店购买，也可以到各地小商品市场选购。

第六步：申办相关证件、执照。

首先，向辖区环境部门申办排污许可证、向辖区消防部门申请消防批文、向辖区市场监督管理部门申办食品经营许可证；然后，到辖区市场监督管理部门申办营业执照。证件、执照办齐后，就可以开业了。

第七步：原材料采购。

饭店的原材料主要有调料、酒水饮料、菜肴原材料等，采购这些物资时要到正规市场购买，也可联系送货上门。

三、厨师素质要求

1. 职业能力要求

（1）专业能力

1）扎实的基本功。厨师的基本功包括刀工、配菜、火候控制等。只有具备扎实的基本功，厨师才能用科学的方法烹调制作出色、香、味、形俱佳的菜点。

2）熟练的烹饪技能。厨师应熟练掌握所负责菜点的烹饪技法、成菜要求，熟知并能正确运用每道菜点的关键技术要领，制作出符合要求的菜点。厨师除精通本地菜系的烹饪方法外，还要掌握市场上较流行的常见菜系的烹饪方法；除了会烹调热菜，冷菜、面点、食雕等方面的技能也要融会贯通。

3）丰富的烹饪知识。优秀的厨师不只是实际操作能力强，更要了解、掌握与烹饪密切相关的美学、物理学、化学、营养卫生学、心理学等方面的基础知识。扎实的理论知识可以很好地指导实践操作，是厨师创新、提高的重要基础。

（2）综合能力

除了专业能力之外，厨师还需要具有良好的综合能力，如较高的文化修养、一定的组织管理能力、良好的身体素质等。

厨师要通过报纸、杂志、网络等学习文学、管理学、外语、计算机等知识，通过提升文化修养，实现从技法到文化的升华。优秀的厨师在精通烹调技术的基础上再掌握一些经营管理和营销等方面的知识，有助于更好地融入团队，完成工作任务，并开拓自己的事业发展空间。烹饪工作劳动强度大，工作时间长，良好的身体素质是厨师做好工作的保证。

2. 职业习惯要求

专业厨师必须注意自己的卫生习惯和着装习惯，这也是厨师的基本职业规范。厨师要养成每天洗澡洗头、定期理发和剪手指甲、保持面部整洁、上班时工作服（帽、围裙）穿戴整齐等良好习惯。

四、服务员素质要求

1. 熟练掌握专业技能

餐厅服务的每一项工作、每一个环节都有特定的操作标准和要求，如托盘、摆桌、餐巾折花、斟酒、上菜、分菜等。服务员要努力学习，刻苦训练，明确各项服务的标准、程序和要求，熟练掌握餐厅服务的基本技能，做到服务标准化、程序化。

2. 掌握各种服务礼节

餐厅服务中的各种礼节主要体现在语言和行为上，并贯穿于服务的各个环节。归纳起来，主要有问候礼节、称呼礼节、迎送礼节、操作礼节、仪表礼节、宴会礼节等。服务员要掌握各种服务礼节，并正确地运用于实际工作，做到礼貌待人。

3. 不断提高自身文化素养

服务员应具有一定的文化素养，了解相关知识，这不仅是做好服务工作的需要，而且有助于自己形成高雅的气质，培养广泛的兴趣。服务员应学习掌握烹饪知识，了解营养卫生知识，商品知识，心理学知识，餐厅设备的使用、保养、维修知识，餐饮旅游文化知识，旅游地理知识，美术与音乐方面的知识，民俗和法律方面的知识等。

4. 具有良好的人际交往能力

餐厅服务是一种特殊的人际交往活动。服务员应掌握基本的人际交往技巧，主动加强与顾客的沟通，加深对顾客的了解，采取顾客乐于接受的方式进行合理服务。服务员必须坚持“顾客第一”“顾客永远是对的”的原则，切忌与顾客发生冲突。要营造出亲切、舒适的就餐氛围，加强与顾客的情感交流，提高顾客的回头率。

5. 保持良好的服务态度

服务员要用良好的服务态度取得顾客的好感和信任，以便双方从一开始接触就能建立起友善的关系。良好有度的服务态度是做好服务工作的基础，是贯彻“顾客第一”原则和增强员工服务意识的具体表现。

6. 保持较高的服务效率

服务员的服务效率体现在导客、安排餐桌、点菜、清理餐桌等许多细节上。高效的服务能够缩短顾客就餐等候时间，提高餐位利用率，增加接待人数，提高营业收入，提升顾客满意度。

思考与练习

1. 简述饮食企业组织结构设置原则。

2. 简述直线制和直线职能制组织结构的特点。

3. 调查了解一家饮食企业的组织结构设置情况，绘制其结构示意图。

4. 一名优秀的厨师必须具备哪些职业素质？

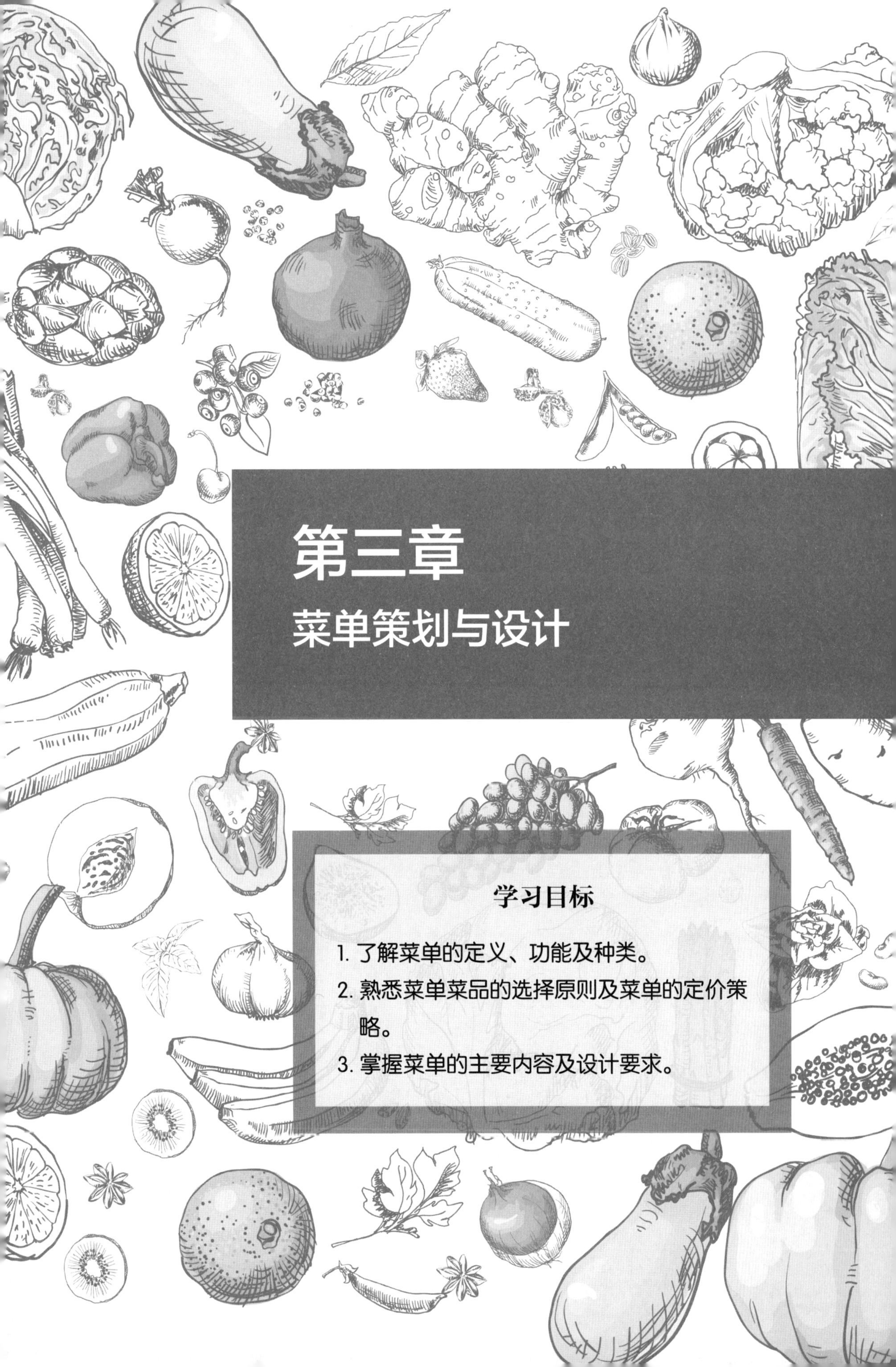

第三章

菜单策划与设计

学习目标

1. 了解菜单的定义、功能及种类。
2. 熟悉菜单菜品的选择原则及菜单的定价策略。
3. 掌握菜单的主要内容及设计要求。

菜单是饮食企业向顾客所提供商品的目录，它既是一种推销工具，也是企业与顾客信息交流的工具，还是企业经营管理和饮食生产服务活动的重要依据。菜单策划与设计质量对饮食企业经营效果有着重要的影响。一份美观雅致、赏心悦目的菜单能直接激发顾客的点菜欲望，因此，饮食企业的经营管理人员要认真做好菜单的策划与设计。

第一节　菜单的功能与种类

菜单作为饮食企业的商品目录和营销工具，要方便顾客使用，引导和促使顾客购买企业的产品和服务。

一、菜单的功能

1. 便于顾客准确、迅速地点选菜点、饮料

顾客需要通过菜单选购自己喜欢的菜点、饮料，服务员需要根据菜单向顾客推荐菜点、饮料。如果没有菜单，双方便无法顺畅地进行交流，顾客点选菜点、饮料就无从下手。

2. 激发顾客消费欲望

简单的菜单只能向顾客传递最基本的产品名称、价格信息，精心设计的菜单却可以进一步激发顾客的消费欲望。菜单上精美的图片、科学的品种排列、合理的品种搭配，都可以产生这种效果。

3. 为企业经营活动提供依据

一份合适的菜单，是管理者根据企业经营目标，经过认真分析客源和市场需求制定出来的，它以多种形式影响各项业务活动和经营效果。例如，原材料的采购和储藏、厨房和餐厅服务人员的配置、设备设施的配备、企业成本的控制和目标利润的实现等，都要以菜单为依据。

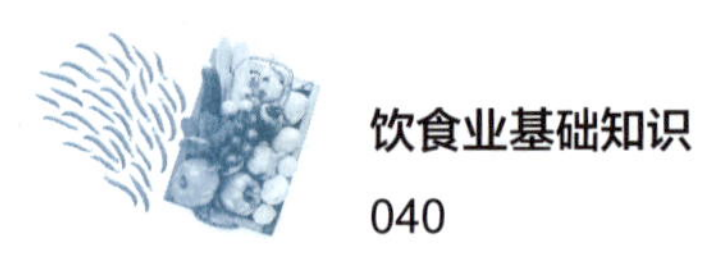

4. 反映企业特色，宣传企业形象

菜单可以清晰直观地反映出饮食企业的特色和消费水准，顾客在无形中就可以感知企业的特色并产生第一印象。

菜单也是饮食企业的宣传品。一份制作优良的菜单，外观优雅别致，菜名设计精巧，介绍性文字耐人寻味，可以给顾客留下深刻印象。这本身就是对企业形象最好、最直接的宣传。设计精致的菜单甚至可以称为一种艺术品。例如，杭州某酒家的喜宴菜单上面写有一副对联“酒菜飘香来，喜鹊唱枝头”，这使菜单显得庄重典雅而富有喜庆味。

电子菜单

近年来，电子菜单在许多饮食企业特别是中小型餐厅快速普及。电子菜单主要有两种形式，一是企业在平板电脑等专用设备上制作并使用的电子菜单，二是顾客用手机扫码后读取的电子菜单。使用电子菜单点餐的主要优点包括：

1. 节省时间

对于顾客来说，全程不需要招呼服务员点餐及付款，节约了时间。对于企业来说，顾客下单之后，厨房打印机直接打印订单，省去了服务员与厨房交接的时间，也避免了服务员与厨房交接出现的错误。服务员只负责上餐，也有更多的时间去服务顾客。

2. 节省人力成本

顾客点餐全程基本不需要服务员，服务员只负责上餐。企业因此可以节省平均约60% 的人工成本。

3. 节省制作菜单成本

制作菜单特别是精美的菜单都需要一定成本。如果定期更换菜品，那么更换菜单的成本也是非常可观的。采用电子菜单后，这一成本完全节省。

4. 展示更丰富的信息

电子菜单可以展示更多在纸质菜单上查看不到的信息，如原材料、标签、库存、销量、评价等，以便于顾客选购。

当然，电子菜单也不是万能的。例如：使用电子菜单后服务员和顾客沟通少，无法更好地推荐菜品；部分老年顾客不会使用智能手机和扫码点餐。因此，饮食企业还必须辅以必要的人工服务。

二、菜单的种类

1. 按菜品的可选择性划分

（1）点菜菜单

点菜菜单是最常见、使用最为广泛的一种菜单形式，如图 3–1 所示。这种菜单上的每一道菜都标明价格，顾客可以根据各自的口味和喜好自由点菜，并按价付款。

● 图 3–1　点菜菜单

点菜菜单所提供的菜点品种较多，价格各异，能满足不同层次顾客的需求。点菜菜单不但普遍适用于一般的大众饭店，而且同样适用于旅游饭店的各类正餐厅、风味餐厅、咖啡厅等。但是，点菜菜单不适合饭店团体餐厅、自助餐厅，也不适合宴会和酒会服务。

点菜菜单又可分为早餐菜单和午餐、晚餐菜单。

1）早餐菜单。早餐菜单分中式、西式两种。早餐菜单突出一个“快”字，供应的品种简单，便于烹制。

2）午餐、晚餐菜单。午餐、晚餐是一天中的主要两餐。顾客一般要求吃得舒服一些。无论是菜点品种还是餐厅服务，都要求有较高质量，尤其是晚餐。这类菜单的品种要多并富有特色，以便顾客充分选择。除固定菜点外，菜单上还常常要备一些时鲜菜点，给顾客一种新鲜感。

（2）套菜菜单

套菜菜单也称定食菜单、公司菜单，如图 3–2 所示。其一次用餐的所有菜点用一个固定的价格标出，顾客不能随意点菜，只能按照一个固定价格付款。

套菜菜单因菜点、饮料组合内容和价格固定，顾客选择余地小，不容易使顾客满意，所以了解顾客喜好、合理设计菜单更具特殊意义。套菜菜单也分早餐、午餐、晚餐菜单。

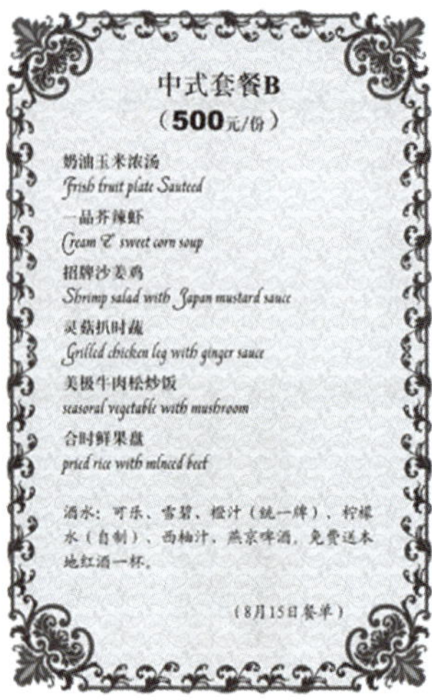

● 图 3-2 套菜菜单

中式、西式套菜菜单的价格呈现形式

中式、西式套菜菜单在价格呈现形式上有细微的差别。西餐中每组菜品的价格由其中的主菜决定，即主菜的价格就是该组菜品的价格。因此西餐套菜菜单的售价通常列在各种主菜的后边。顾客在选定主菜、辅菜后，按主菜的价格付款。中餐套菜菜单的价格呈现形式比较简单，一般按饮食规格及就餐人数而定。我国旅游饭店的团体餐厅等使用的菜单皆属此类，只是不少饭店还未习惯将其制作成册。与西餐套菜菜单相比，使用中餐套菜菜单的顾客对菜式的选择余地较小，由于饮食内容完全由餐厅组合，所以其中很可能有顾客不喜欢的菜式。

西餐的一些套菜菜单已成为国际性标准菜单，如欧式早餐菜单和美式早餐菜单。欧式早餐供应面包、黄油、果酱、咖啡加热奶或茶加凉奶，有时可加果汁。美式早餐是在欧式早餐的基础上增加肉类食品和蛋类食品。西餐午餐、晚餐套菜菜单通常列有规定的菜肴和饮品，如头盘、面包、黄油、汤菜、鱼、肉、沙拉、甜品、咖啡等。

（3）混合式菜单

混合式菜单综合了点菜菜单与套菜菜单的特点和长处，是两者的结合，如图 3-3 所示。最初的混合式菜单是将一份点菜菜单及一份套菜菜单印制在一起，即一部分菜式以套菜形式呈现，而另一部分则以零点形式呈现。这种菜单的主要缺点是过大，使用不便。

图 3-3　混合式菜单

有些西餐厅的混合式菜单以套菜形式为主，但同时允许顾客再随意点用其中任何主菜并以零点形式单独付款。有些西餐厅的混合式菜单则以零点形式为主，所有主菜皆有两种价格，一为零点价格，二为套菜价格。选择套菜的顾客在选定主菜后，可以在其他各类菜式中选取价格控制在一定限额内的菜式作为辅菜。

2. 按菜单的功能划分

（1）团体包餐菜单

团体包餐菜单是根据旅行社或会议主办单位等规定的用餐标准来制定的菜单。制定团体包餐菜单应注意的问题主要有：

1）根据订餐标准制定标准菜单。标准菜单要根据不同地区、不同风俗习惯做到有针对性、多样性，能体现各地饮食特点，实行一菜一卡，明确规格、数量、质量，并配以彩色照片。

2）针对不同的订餐标准，要在用餐数量、质量及所配厨师上区别对待，以保证质价相符。

3）中西餐结合、高低档菜搭配，避免正餐菜点雷同，做到天天不重样，餐餐不重复，多安排地方风味菜点。

4）形式与内容相结合。利用菜点的色、香、味、形等，既为顾客提供美味佳肴，又向顾客表达欢迎之情。

（2）宴会菜单

一般说来，宴会具有就餐人数多、消费标准高、菜式品种多等特点，宴会菜单要与之相匹配。宴会菜单一般是顾客预定宴席时，根据顾客要求、标准、宴请对象确定的，外观要漂亮，如图 3–4 所示。但也要注意控制印制成本，一般可让顾客带走。

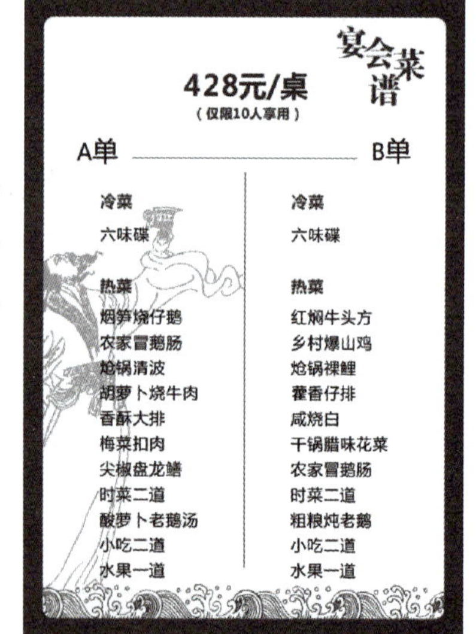

● 图 3–4　宴会菜单

制定宴会菜单时要注意的问题主要有：

1）先要了解顾客的意图，满足顾客的需要。

2）考虑成本与利润，制定出合理的价格。

3）掌握好各种菜点的比例关系。

4）注意各道菜点在色、香、味、形、质、器上的配合。

5）菜点要与季节相适应。要根据季节的变化安排菜点品种，特别要注意配备各种时令菜，使宴席更为生色。

6）菜点分量要足，一般应以平均每人吃到 500 克左右净料为宜。

（3）客房送餐菜单

客房送餐菜单通常包括早餐菜单、全日菜单，如图 3–5 所示。许多饭店将早餐送餐菜单设计成门把手式，以便顾客填好后挂在门把手上面。

客房送餐菜单应选用质量较高、加工不太复杂、品质性状较为稳定、便于运送的菜点。由于这项服务的特殊性，其菜点价格也相应较高。

图 3-5　客房送餐菜单

3. 按菜单品种的变化性划分

（1）固定菜单

固定菜单也称标准菜单，是一种菜式标准化而且很少调整的菜单。这种菜单常用于顾客流动性较大的宾馆、旅游饭店等，这些场所的顾客几乎每天都在变换，他们不会因为餐厅每天供应同样的饮食而感到单调。固定菜单一经合理制定，便能长期使用，至少在数月之内固定不变。

1）固定菜单的优点。一是有利于控制原材料采购，减少库存量。由于菜单固定，所需采购的原材料品种和数量相应稳定，这样就大大地简化了采购决策、库存分类和存货盘点工作的复杂程度，方便实施标准化管理，有利于节约饮食成本。

二是可以有效地稳定和提高产品生产和服务质量。由于重复制作同样的产品，实行专业化组织和分工的生产和服务人员有大量的机会巩固和提高加工与服务技能，从而有效地保证产品质量和服务质量的稳定性。

三是有利于工作人员的合理配置和设备的充分利用。每天生产与销售相同的菜点时，企业易于合理安排人力。由于生产和服务技能已熟能生巧，劳动生产效率大大提高。同时，企业可以按需购置设备，避免设备闲置，从而节约设备成本，提高设备的利用率。

2）固定菜单的缺点。一是原材料采购缺乏灵活性，即便原材料价格上涨也不能

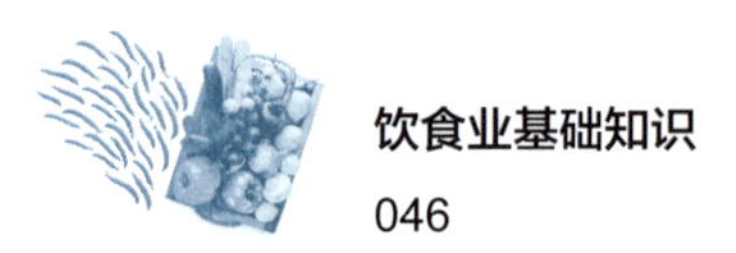

随便更换。二是经常光顾的顾客可能因缺乏新鲜感而以后不愿再来。三是生产和服务人员容易因工作内容单调重复而缺乏工作积极性。

（2）循环菜单

循环菜单是按一定的周期循环使用的一套或几套菜单。这种菜单适合于饭店、宾馆对旅游团队、会议包餐及长住型顾客使用，另外也适用于单位食堂等就餐人群较为固定的场所。

循环菜单的特点见表 3-1。

表 3-1　　循环菜单的特点

优点	（1）菜点内容丰富，能较好地满足顾客对多种风味菜式的需求 （2）生产和服务人员不会对工作感到单调乏味
缺点	（1）必须储藏大量原材料。循环使用的菜单越多，采购和储藏的工作量与成本就越高 （2）对生产和服务人员的技术要求更全面，厨师队伍较庞大

使用循环菜单时，饮食企业必须按照预定的周期制定一套菜单，即周期有多少天，这套菜单便应有多少份各不相同的菜单，每天使用一份。

知识链接

循环菜单周期长短应根据市场特点来决定。旅游饭店的餐厅如使用循环菜单，周期可短一些，一般以一周左右为宜，因为大多数旅客不会逗留一周以上。而对于度假型、疗养型酒店，循环菜单的周期应适当延长，以避免相同菜式过于频繁地出现。

（3）综合菜单

固定菜单和循环菜单这两种菜单各有利弊，所以多数饮食企业采用综合菜单。例如，有的企业在使用固定菜单的同时附加今日特色菜单；有的企业缩短固定菜单的使用时间，特别是在不同季节及时调整菜单内容，增加时令菜点；有的企业虽使用固定菜单，但会配选多套主要菜点，将它们随固定菜单循环使用。

此外，饮食企业为进行促销还会制定一些内容丰富、形式多样的特殊菜单，如冬季推出的砂锅、火锅、药膳等冬季特选菜单，夏季推出的清凉、防暑、清补类菜单，节假日推出的圣诞菜单、春节团圆家庭菜单、美食节展销菜单、周末家庭菜单等。有的企业根据加工方法、特定人群等推出特殊菜单，如火锅店推出的烧烤菜单、儿童菜单等。

第二节　菜单策划与品种选择

菜单策划与品种选择是菜单设计工作的核心，需要综合平衡、全面考虑，是一项十分复杂的工作。一份科学合理的菜单既要让顾客满意，又要能够实现企业的经营目标。

一、菜单策划

菜单一般由经验丰富的企业经理或厨师长策划，有的企业还会设置专职菜单策划人员。

1. 菜单策划的准备

(1) 了解有关信息

菜单策划人员要了解的信息主要有：主要竞争者的菜单，本企业以前和正在使用的菜单，本企业饮食产品销售数量和营业报表，本企业厨房生产记录、产品质量水准，同类型企业产品种类、质量及销售情况，有关品种成本及供应、库存、采购信息等。

(2) 调查分析市场

菜单策划人员要掌握当前市场上饮食产品的流行趋势，掌握畅销品种和滞销品种的基本情况。

菜单策划人员应具备的职业素质

一是熟悉饮食业工作流程，具备饮食业经营管理知识及较丰富的实践经验。

二是了解饮食产品的制作方法、营养价值、风味特点等方面的专业知识和业务技能。

三是有一定的艺术修养，对菜肴的色彩搭配、艺术造型等方面有感性和理性的认识。

四是有创新意识和构思技巧，能够不断革新，创新饮食产品。

2. 菜单策划的具体要求

饮食企业发展中一般会经历开业筹备、扩张、稳定、衰退等阶段，不同阶段对菜单有不同的要求，策划菜单时一定要以各经营阶段的特点为依据。

（1）开业筹备阶段

在开业筹备阶段，要设计一个试验性菜单，菜单要包括一些流行的菜式。一个科学的试验性菜单能够充分吸引目标顾客，树立饮食企业形象，打开发展局面。

（2）扩张和稳定阶段

在扩张和稳定阶段，企业的经营形势良好，但企业要有危机意识，要保持对饮食潮流的关注，适时对菜单进行完善和微调，根据时令、节日等进行一些创新。改变菜单外观也是一种思路，如变换菜单封面、内页布局、色彩、格调、装订方式等。如果菜单一成不变，很容易让顾客失去新鲜感，从而流失客源。

（3）衰退阶段

如果客流出现持续且明显的下降，就要对菜单进行调整，更换品种，重新定价。企业要分析菜单各品种的销售情况，分析饮食潮流和顾客消费习惯变化，快速做出反应。企业可提供一些每日特色菜来吸引顾客，要着重推销那些盈利大、受顾客欢迎的品种。

二、菜单品种选择

菜单品种选择要遵循以下几条原则：

1. 以市场需求为导向

企业要明确目标市场，根据目标顾客的消费水平、需求特点来选择饮食产品。例如，以高收入人群为目标顾客的餐厅，应多选择一些做工精细、原料上乘的高档菜品；以普通大众为目标顾客的餐厅，应选择制作简单、价格适中的大众化菜品。

餐厅类型与顾客需求特点的关系

不同类型的餐厅，顾客的需求特点也不同。零点餐厅的顾客要求菜单品种丰富，规格齐全，高、中、低档菜品合理搭配；而宴会、团体菜单的制定应更具有针对性，不仅要依据消费标准，还要充分了解顾客的身份、年龄结构、饮食习惯、各类禁忌等情况，所设计的菜品不但要体现其规格、档次，还要烘托饮食主题。因此，只有以目标顾客的需求为导向，才能有目的地在品种、规格、营养成分、烹制方法等方面进行合理的计划与调整，从而设计出顾客乐于品尝和享用的菜品。

2. 体现企业特色，增强企业竞争力

企业要尽量选择一些反映自身特色的品种列于菜单上。所谓特色是指在烹饪方法、风味特点和服务形式等方面人无我有或人有我优。只有形成特色，才能吸引顾客慕名而来，增强企业竞争力。

同时，品种的选择要与餐厅的整体装潢风格相协调。品种不是越精致越好，饮食产品的档次和价格要与企业整体定位相一致。

3. 注重产品的盈利能力

企业要多选择那些畅销并且能产生较多毛利的品种，由此组合起来的菜单才能取得理想的效果。原材料成本过高、定价昂贵又难以销售的菜品不宜多选。

根据是否畅销和利润高低两个要素，可将饮食产品分为四类，制定菜单时可对应这四类选择相应的策略，见表 3-2。

畅销但利润低的品种能吸引顾客，带动其他品种的销售。如果要适当提高这类品种的价格，增加利润，则应根据需求情况分阶段提价。如果企业是为了树立企业品牌或占领市场，增强竞争力，则应尽可能地保持现行价格。

不畅销但利润高的品种往往较名贵，利润较高，可以体现企业的实力和档次，但要注意适量列入。

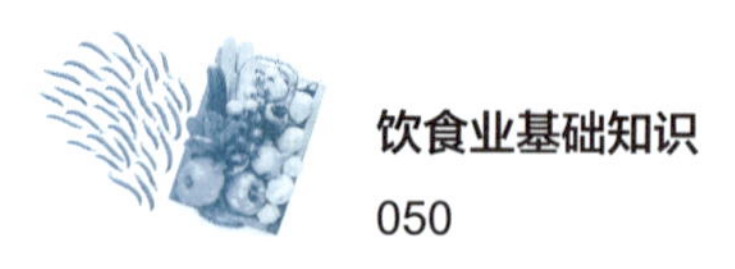

表 3–2　　　　菜单品种选择策略

产品特点	选择策略
畅销且利润高	列入菜单
畅销但利润低	适当列入
不畅销但利润高	适当列入（显示企业实力）
不畅销且利润低	一般不列入菜单

4. 注意各品种的均衡

菜单上的各类品种要尽量均衡，这样才能适应各类顾客多样化的饮食需求，具体需要考虑的因素包括以下几个方面：

（1）价格的平衡

在一定的价格范围内，要尽量使每一类品种有高、中、低档的合理搭配。

（2）原材料的平衡

选择的品种应包含不同类别的原材料，做到肉、鱼、蛋、禽、蔬菜等原材料合理配置，以适应不同消费者的需求。

（3）加工方法的平衡

一是要注重原料切配方法的平衡，使切配出的丝、片、丁、条、块、粒等构成较为平衡的菜品形状。二是要注重烹饪方法（如炸、炒、煎、蒸、炖等）的平衡，以制成不同风味、不同口感的菜品。

（4）营养的平衡

产品的营养搭配要合理，还应考虑合理的膳食结构与当前的营养潮流，满足一些顾客在营养健康方面的特定需求。

5. 量力而行，确有把握

企业必须根据自身生产服务能力选择品种，保证产品质量符合要求，不要选择没有能力、没有把握提供的品种。

企业应充分考虑厨房生产人员的技术水平和厨房生产设备的配备情况。例如，制作北京烤鸭要用挂炉，烤乳猪要使用明烤炉。

同时，企业还要考虑所需原材料的供应状况。所选择的品种，其原材料应尽量是当地出产的且供应充足，要避免选择原材料不易取得、供应不稳、容易断档的品种。

菜单策划好以后，还要进行测试并分析完善，然后才能正式使用。

第三节　菜单定价

菜单定价是否恰当，直接影响产品的销售、利润目标的实现以及企业的竞争力。不同的饮食企业由于档次、目标市场、经营状况不同，其菜单定价目标和策略也各不相同。饮食企业必须遵循定价的基本原则，根据定价目标，使用合理的定价方法和策略，才能制定出既符合市场需求，又能实现经营目标的菜单价格。

一、菜单定价原则

1. 价格要真实反映产品的价值

饮食产品的价格是顾客判断其价值的主要依据，其价值一般包括原材料的价值、烹饪加工和就餐服务所耗费的人工价值，以及用餐环境和设备设施的使用价值等。例如，声誉好、名望高、位置好的餐厅，其菜品价格可以定得更高一些。要使产品价格与其价值水准相称，让顾客感到物有所值。

2. 价格必须适应顾客消费水平

各个饮食企业都有自己特定的目标顾客群体，产品价格必须与其消费水平相适应。如果定价过高，超出顾客的承受能力，就会流失顾客，无法实现经营目标。

3. 定价既要有灵活性，又要有稳定性

定价时，企业应考虑市场供求关系的变化，灵活运用浮动价、季节价及优惠价等增加销售。例如，在旺季，价格可适当高一些；在淡季，价格可适当调低。但是菜单价格不宜频繁变动，要有相对的稳定性，否则会失去顾客的信任。同时，每次调价的

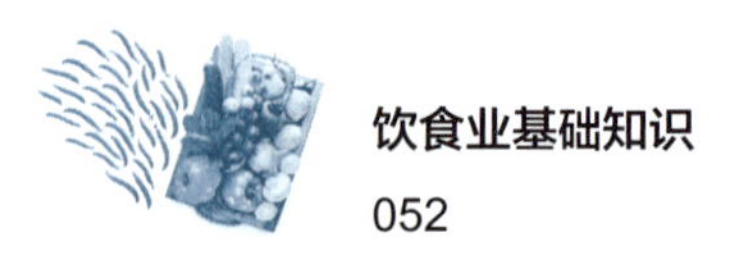

幅度也不能过大，最好不要超过 10%。

4. 定价要遵守国家物价政策

企业要根据国家物价政策制定菜单价格，严格遵守《中华人民共和国价格法》等相关法律法规的规定；要按照按质论价、分等论价、时菜时价的原则，合理制定菜单价格；要明码标价，不可进行价格欺诈，设定霸王条款，侵害消费者权益。

饮食行业中的“禁止自带酒水”“包间设置最低消费”属于服务合同中的霸王条款，是饮食行业利用其优势地位，在向消费者提供饮食服务中做出的对于消费者不公平、不合理的规定。消费者如在饮食企业经营者提供服务时遭遇霸王条款产生纠纷，可以根据《中华人民共和国消费者权益保护法》的规定，维护自身合法权益。

二、菜单定价策略

1. 以成本为中心的定价策略

多数饮食企业主要根据成本确定菜点、饮料的销售价格，即在成本的基础上加上预期利润得出价格。这种策略比较直观、方便，其缺点是只考虑到成本因素，忽略了市场需求和顾客心理。

2. 以需求为中心的定价策略

这是一种根据顾客对商品价值的认知程度和需求程度决定价格的策略。如果说，以成本为中心的定价策略决定了产品的最低价格，那么以需求为中心的定价策略就决定了产品的最高价格。

这一策略又可具体分为三种：一是高价策略，即以高质量、高价格取胜；二是低价策略，即采取薄利多销的方式扩大市场，以增加市场占有率为目标；三是优惠价格策略，即给予顾客一定的优惠，来争取较高的销售额并起到宣传推销本企业产品的效果。

具体实践中，要通过市场调研，根据市场需求灵活采用上述策略。

3. 以竞争为中心的定价策略

这种策略以竞争者的产品售价为定价依据，既可高于也可低于竞争者的产品售价。这种策略不以成本为出发点，也不考虑顾客的意见，往往是临时性的或只在特殊场合下使用。采用这一策略时，定价人员必须深入研究市场，充分分析竞争对手，否则很可能定出不合理的价格。

这一策略又可具体分为三种：一是以得到合理收益且避免风险为目标的定价策略；二是只限短期实施的展销新产品定价策略；三是以确立竞争地位为目标，依靠自身雄厚实力而采取的“变动成本”定价策略，即只需价格不低于原材料成本即可。

三、菜单定价方法

菜单的定价方法有很多种，最常用的有随行就市法、系数定价法、毛利率法、主要成本率法、声望定价法。

1. 随行就市法

随行就市法是一种最简单的方法，即追随市场领先者定价，或者根据市场一般价格水平定价，易被顾客接受。这种方法适用于竞争激烈的市场环境和较为同质化的产品。但要注意的是，此法要求企业的生产成本与行业平均成本大致接近。

2. 系数定价法

系数定价法是以原材料成本乘以定价系数，即得出售价。其计算公式是：

售价 = 成本 × 定价系数

其中，定价系数是计划成本率的倒数。例如，一份“青椒肉丝”的成本为 5 元，其计划成本率为 40%，那么定价系数为 2.5×（1÷0.4），则该菜的售价为：5×2.5=12.5（元）。

系数定价法较为简便，应用广泛，但前提是定价系数要设定得科学合理。很多企业凭经验确定定价系数，难免存在误差。所以，确定定价系数时要全面充分，并留有余地。

3. 毛利率法

运用毛利率法计算售价的公式是：

售价 = 成本 ÷（1− 内扣毛利率）

或　　售价 = 成本 ×（1+ 外加毛利率）

毛利率的具体计算方法将在第七章中详细讲解。

4. 主要成本率法

主要成本率法是把原材料成本和直接人工成本作为定价的依据。其售价计算公式为：

售价 =（原材料成本 + 直接人工成本）÷ 主要成本率

例如，某菜品的原材料成本为 10 元 / 份，生产该菜品需要的直接人工成本为 2 元 / 份，如果其主要成本率为 60%，则该菜品的售价为：（10+2）÷0.6=20（元）。

由于直接人工成本在菜点生产成本中占有较大比重，而各种菜点加工制作的复杂程度又各不相同，所以采用这种方法一般能够比较合理地制定出菜点价格。

5. 声望定价法

这种方法利用饮食企业的声望和顾客对产品形象、品质的感觉进行定价。对于注重体现身份和地位、消费水平较高的顾客，企业的档次越高，产品定价越高（在一定的价格范围内），越能得到他们的认可。

采用这种方法的关键是要准确掌握市场可接受的最高价格。在此价格以下，企业可以定高价以获得更多利润。如果超出这一价格，顾客的消费需求便会受到抑制。

第四节　菜单内容与形式设计

菜单内容必须准确，不可向顾客传递错误的信息；菜单必须体现菜点、饮料的特点，激发顾客的消费欲望；菜单必须体现出企业的个性，其风格、特色要与企业整体风格、特色相协调。

不同餐厅、不同餐别和不同饮食形式，其菜单内容和形式也各不相同。

一、菜单内容

菜单内容主要包括饮食产品的名称、价格、特点及企业宣传资料等。

1. 产品名称和价格

产品名称可直接影响顾客对产品的选择。产品命名一是要准确，能够反映产品的原料和特点；二是要具有艺术性，能够激发顾客的购买欲。一个好的名称可以为产品增色不少，起到画龙点睛的作用。

中式菜名与西式菜名

中式菜名大致可分为两大类：一类是写实性菜名，即菜名能直接反映菜肴的原材料，成菜的烹调方法，菜肴的色、香、味、形，菜肴的原产地或创始人等情况，使人一看菜名就能了解其概貌及特点，如“煮干丝”“豆瓣鲫鱼”“香酥鸡”“清炖蟹粉狮子头”“东坡肉”“砂锅鱼头”等。另一类是寓意性菜名，多用于名贵菜肴。此类菜名多富有诗情画意，寓意美好，如“熊猫戏竹”“鲤鱼跳龙门”“四喜肉”等。又如，寿宴上常见的一道菜“寿比南山”，用一个南瓜、一只山鸡做成，音义双关，寓情、寓礼、寓意。

西式菜名一般突出主料，反映烹调方法、地方特色、口味特色，如“fried chicken”（炸鸡）、“Swiss steak”（瑞士牛排）、“sweet sour pork”（咕噜肉）；有表示切配形状的，如“diced carrot”（胡萝卜丁）；有以温度特征命名的，如“hot tomato bouillon”（番茄牛肉汤）；还有以色彩特征命名的，如“black bean soup”（黑豆汤）等。

菜单上的价格应清晰明确，使顾客不会产生疑问。例如，同一种类但不同分量规格的菜肴要分别标定价格。如需加收服务费，则要在菜单上明确注明。菜单上的价格不可随意涂改，若有必要调整价格，最好更换菜单。

2. 产品介绍

为了方便顾客了解和选择产品，促进重点产品销售，提高点餐效率，菜单上可对一些产品配上图文介绍，如图 3-6 所示。产品介绍要说明产品的主要原材料、制作方法及风味特点，有的还要注明分量；要简明扼要，图文并茂，激发顾客兴趣，促使顾客购买。菜单要着重介绍企业的招牌产品和高利润品种。

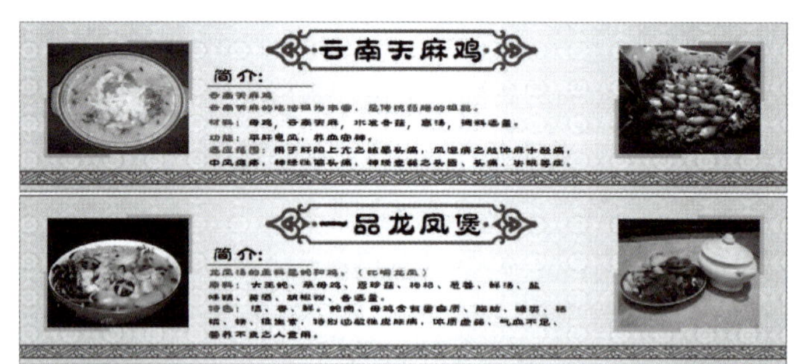

● 图 3-6　菜单上的产品介绍示例

3. 企业宣传资料

菜单是树立饮食企业形象的理想工具。企业可以在菜单上用优美而富有创意的文字和生动的图片宣传自己的品牌形象、特色名菜、悠久历史、服务方式、特殊事件，以及企业所在地的优美环境和风土人情，介绍企业的联系方式。企业要善于利用菜单提高知名度，树立好形象。企业名称、特色风味等一般列在菜单封面，企业地址、交通路线、联系方式、营业时间等一般列在封底。

二、菜单布局

菜单布局主要是指菜单内容的编排方式。菜单应按照进餐次序编排内容。中餐菜单按照中餐“冷菜→热菜→大菜→汤→点心”的进餐次序编排，每一类菜式下再分别按原材料分类编排，如冷菜类、鸡鸭类、猪牛羊肉类、海鲜类、鱼虾类、蔬菜类、汤类、面饭类、点心类等。西餐进餐次序稍有不同，一般是“开胃菜→汤→主菜→甜点”，因此西餐午餐菜单的编排顺序通常是开胃菜、汤类、主菜类（海鲜、鱼虾、牛猪羊肉、禽肉）、蔬菜类、甜点、餐后饮料等。

此外，菜单布局还要注意突出主要产品，如将重点菜、招牌菜排在菜单的显要位置。产品在菜单上的位置对其销售有很大影响。研究表明，单页菜单的中央部位、对折菜单的右首页中央部位及三折菜单的中心部位，一般最受顾客注意，顾客的目光首先并经常会停留在这些区域。因此，应设法将主要产品排在这些区域。如果与产品分类排列顺序存在冲突，可以将重点产品标以不同字体或加边框及饰纹，以引起顾客的重视。

很多饭店习惯对各类菜品进行编号，以方便顾客点菜。顾客往往对各类菜品中的第一道菜特别注意，而同类菜中的最后一道菜往往也给人留下较深刻的印象。设计菜单布局时应充分利用这些规律。

三、菜单装潢设计

菜单的装潢设计是一项专业性很强的工作，很多企业聘请艺术设计师进行设计，其中的要点包括以下几个方面：

1. 菜单的制作材料

制作材料是决定菜单外观质量的重要因素，要综合考虑企业类型与档次、菜单制作成本、菜单使用方式等因素合理选择制作材料。

长期重复使用的菜单，要选择经久耐磨又不易沾染油污的重磅覆膜纸张制作。一次性使用的菜单一般不必考虑其耐磨、耐污性能，但这并不意味着可以粗制滥造。许多高档宴会菜单虽然是一次性的，也要求选材精良、制作精美，以体现宴会规格和饭店档次。

饭店应避免使用塑料和绸绢制作菜单封面，因为塑料易让人感到品质低下，绸绢封面的菜单虽显得高雅华贵，但易沾染污渍。

2. 菜单的尺寸

菜单的尺寸应与菜单内容、餐厅的类型与面积、餐桌的大小和座位空间等因素相协调，要让顾客拿起来舒适，阅读方便。

零点餐厅多根据菜品内容的多少采用对折、三折或分页组合菜单。美国餐厅协会的调查表明，理想的菜单尺寸为 23 厘米 ×30 厘米，这样顾客拿起来比较舒适。尺寸过大，拿起来不方便；尺寸过小，菜单文字就会过密。一般说来，一页纸上的图文面积与空白面积应各占一半为佳。字过多会使人眼花缭乱，记不清楚；空白过多则给人以菜品不足、选择余地少的感觉。

3. 菜单的文字

菜单上的文字多采用标准字体，也有个别菜单（如中餐宴会菜单）采用手写字体。无论哪种字体，都应清晰醒目，让顾客易于辨认。菜单上各类别的标题采用手写字体，会给菜单平添几分色彩。

菜单文字字号要大小得当，使顾客在餐厅的光线条件下，特别是在晚间的灯光下能清楚并轻松地阅读。一般汉字不可小于 4 号字，英文字母不可小于 12 点。

菜单的标题和菜点的说明可用不同字号和字体以示区别，同时还可以运用两种不同类型的字体。

4. 菜单的插图与色彩

菜单上的插图、色彩必须与菜点、饮料及餐厅的整体环境相协调。

（1）插图

菜单上的插图有两种作用：一是艺术性的装饰，二是实用性的辅助说明。设计插图时，可利用两类资料：一是摄影作品，如名胜古迹、餐厅外貌、本店名菜、人像等；二是美术作品，如绘画、书法、拓画、几何图、抽象图案等。使用现有素材时，可尝试以不同角度扭曲、夸张、组合、分割或局部扩大，这样会产生出乎意料的视觉效果。

（2）色彩

赏心悦目的色彩能使菜单显得更加诱人，通过彩色图画能更好地介绍重点菜，此外，菜单上的色彩还能反映一家餐厅的情调和风格。

挑选菜单颜色时，必须考虑到对顾客心理的暗示效果，同时要与整个餐厅的色调保持和谐，字画和空白之间的颜色对比要鲜明，避免视觉疲劳。总而言之，要根据餐厅的档次和类型选择菜单色彩。一般来说，鲜艳的大色块、五彩标题、五彩插图比较适合快餐店等的菜单，以淡雅优美的色彩（如浅褐、米黄、淡灰、天蓝等）为基调、运用鲜艳色彩加以点缀的形式则适合具有一定档次的餐厅的菜单。

思考与练习

1. 什么是菜单？菜单有哪些功能？

2. 菜单可以分为哪些种类？

3. 选择菜单上的菜品时应遵循哪些原则？

4. 菜单的定价方法有哪些？

5. 菜单的装潢设计有哪些注意事项？

6. 搜集三种不同类型或档次的餐厅的菜单，分析其菜品、定价、内容和形式方面的特点。

第四章
原材料管理

学习目标

1. 了解饮食企业原材料管理中采购、验收、储藏、发放等环节的重要性。
2. 掌握饮食企业原材料管理中采购、验收、储藏、发放等环节的要求、程序及方法。

原材料管理中采购、验收、储藏、发放等环节影响饮食企业正常的生产经营活动，对企业各项经济指标的实现和提高具有至关重要的作用。

第一节　原材料采购

原材料采购是经营活动的起点，也是业务经营的首要环节。饮食企业原材料采购模式的科学性和先进性是企业市场竞争力的重要表现。由于饮食企业经营环境不断变化，所以原材料采购模式也应根据不断变化的竞争形势进行不断完善。

一、原材料采购的意义

饮食企业的经营活动是从原材料采购工作开始的。原材料采购为饮食企业经营提供物质基础，保证加工、销售等活动的正常开展，从而满足顾客的需要。

原材料采购工作直接影响饮食企业各项经营活动的质量。采购品的质量优劣，规格、价格及数量的差异，都在一定程度上直接或间接地影响饮食企业的产品质量、产品成本、服务质量、经济效益和社会效益。

二、原材料采购的基本要求

原材料采购不是目的，而是为饮食企业的加工烹制和销售服务。原材料采购要根据厨房、餐厅等部门提出的采购清单进行。原材料采购工作应围绕饮食企业经营活动进行，为各业务部门服务。

1. 品种必须对路

饮食产品花色品种很多，其原材料构成及需求比例时常发生变化，原材料采购必须根据经营活动的开展和产品花色品种的要求进行，做到品种对路。对路包括两方面的含义：一是适用，即购进的原材料符合经营活动的需要；二是适销，即购进的原材料有利于生产出畅销的饮食产品，扩大产品的销路。为此，原材料的采购要以销定进、以进促销。

2. 质量必须优良

原材料的质量直接影响饮食产品的质量，因此，采购的原材料必须质量优良，即鲜活原材料新鲜不腐，干货易于保存，货真价实，出品率高。要防止购入假冒、变质、过期的原材料。

3. 价格必须合理

饮食产品原材料价格以市场调节为主，随时处于波动之中，采购时要掌握市场行情，掌握供货单位之间的竞争动向，力求做到价格合理。采购时要签好合同，尽可能批量进货，以降低成本。

4. 数量必须适当

饮食产品原材料以蔬菜、瓜果、禽畜肉类和水产品等鲜活商品居多，不易保存。因此，在品种对路、质量优良、价格合理的前提下，还必须合理控制进货数量，做到既能满足日常经营活动的需要，又不会造成库存积压。进货数量适当是库存合理的基础，各企业要根据本单位具体生产经营情况和市场货源情况，正确地确定进货数量，使所进的货物数量适当、库存合理。

5. 到货必须准时

饮食产品原材料采购须每天进行，其中不少鲜活商品购进后便直接投入使用。要贯彻以销定产的原则，就必须根据生产活动的需要，合理组织进货业务，做到准时到货，防止因到货不及时影响经营活动的顺利开展。

6. 凭证必须齐全

要切实做到每一笔采购都有单据，都进行验价格、验质量、验数量。各项手续要清清楚楚，要堵塞各种漏洞，防止原材料不应有的散失和损耗。

三、原材料采购的程序

原材料采购前首先应该制定一个有效的工作程序，使从事采购的有关人员都清楚应该怎样做、怎样沟通，形成一个规范化的工作流程；使管理者能够履行职责，知道怎样去控制和管理。各饮食企业可根据自己的管理模式制定原材料采购程序，但其设计的目的和原理是相同的。饮食企业常见的原材料采购程序如图 4–1 所示。

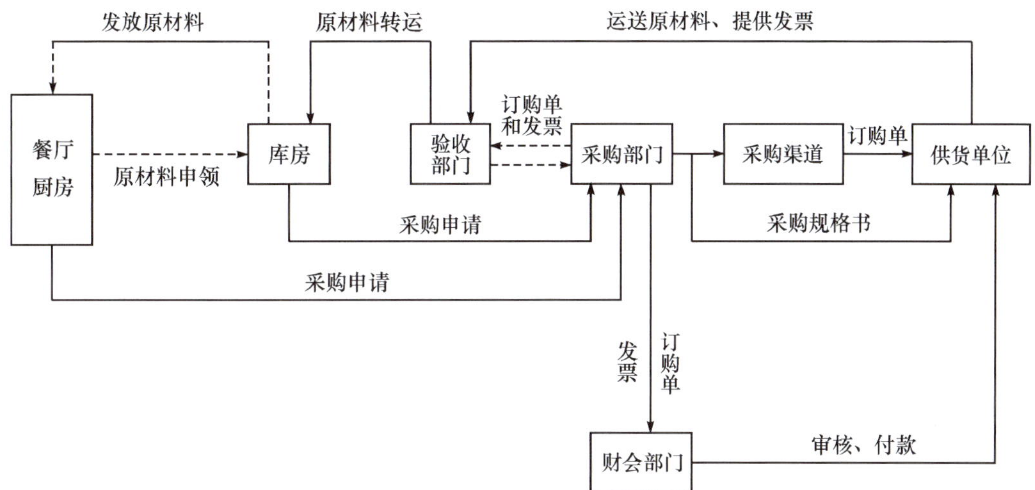

图 4-1　饮食企业常见的原材料采购程序

如果库房中有现货，餐厅或厨房应凭原材料领料单向库房申领所需要的原材料，库房根据申领手续发放原材料。

如果库房中没有现货，餐厅、厨房或库房收集需求信息后，可分别凭采购申请单向原材料采购部门提出购货要求。通常餐厅、厨房所提出的购货品种多为新鲜原材料或库房常备品种以外的原材料品种。当库存量低于规定数额时，库房就要提出购货要求，补足必要的库存量。

采购部门接受采购申请后，通过正式的订货手续，选择采购渠道，向供货单位订货，同时给验收部门一份订购单，以备收货时核对。

如果供货单位提供送货服务，则原材料由验收部门验收合格后转运入库。如无送货服务，则由采购部门采运回原材料，交验收部门验收入库。验收部门接收到厨房订购的鲜活原材料后，应立即通知餐厅、厨房，办理申领手续并及时领走。

验收部门将验签的发票和订购单交采购部门处理，采购部门再交财会部门审核，由财会部门向供货单位支付货款。

企业管理者应严格按采购程序对各有关部门进行督导和管理，明确各部门的责任，以保证及时向餐厅、厨房提供保质、适量的原材料。

四、原材料采购的渠道和方式

为了搞活经营，满足消费者的多种需要，使所采购的原材料品种对路、质量优良、价格合理、数量适当、到货准时，企业必须选择正确的采购渠道和采购方式。

1. 原材料采购渠道

饮食产品原材料具有多样性、地方性和鲜活易腐等特点。为使原材料新鲜、质优价廉、品种多样，原材料采购宜多渠道、少环节，就近选择市场，产销直接挂钩。饮食企业原材料采购渠道主要有以下几类：

（1）农贸（批发）市场

饮食企业主要通过这类渠道采购鲜货、干货以及葱、姜、蒜等调料。

（2）食品加工厂或加工食品代理商

饮食企业主要通过这类渠道采购肉类加工制品、乳制品、加工类调味品、罐头及酒类等。

（3）农副业生产基地或个体专业户

饮食企业主要通过这类渠道采购农场、渔场等农业生产单位所生产的农副产品，饮食企业可以与生产单位签订产销合同，建立某些鲜活原料、调料的采购直供基地，约定采购的时间和价格等，以稳定供应和价格。

（4）食材展销会

食材展销会是国内饮食行业一种重要的原材料采购渠道，如全国食品博览会、中国国际食品和饮料展览会、全国糖酒商品交易会等，很多饮食企业每年都会参加。众多食材展销会为饮食企业提供了全面的采购导向和参考。

（5）专业性网络采购平台

近年来，一些专业性的饮食产品原材料网络采购平台发展迅速，逐渐成为饮食企业采购的一条重要渠道，如美菜网、链菜、众美联、易找食材等。它们的特点主要是品种丰富、价格透明、采购效率高。

2. 原材料采购方式

按照采购时点不同，采购方式可分为定时采购和临时采购。按照采购地点不同，采购方式可分为电话采购和实地采购等。此外，采购方式还包括集中采购、联合采购等。

（1）定时采购

饮食企业各部门当日所需物品，如厨房使用的蔬菜、豆制品、鲜活水产品等原材料，为保证新鲜程度，必须定时采购。

此外，对可能提前采购的原材料如干货（如鱼肚、粉丝、淀粉等）、调味品（如番茄酱、干辣椒、白糖等）、烟、酒及备用品，应在防止过分积压或脱销的情况下，适当提前采购以保证库存量。

（2）临时采购

临时采购是为应对临时出现的特殊情况而采取的一种紧急采购方式，在中小型饭店中很常见。临时采购分为两种情况：一是前一天的采购清单中遗忘或漏掉了部分原材料，或是因订单突然增多而导致原材料短缺，需要临时采购以保证业务正常运转；

二是发生紧急特殊情况（如突然停电），导致急需的原材料出现短缺。出现紧急情况时，采购人员应放下正常的工作，想尽一切办法做好补救工作。

（3）电话采购

对于一些常见、普通的原材料，采购人员可以用打电话的方式进行订货，以提高效率、节省时间、节约成本。采购人员可与供应商建立和加强联系，筛选出一些信誉好、服务好的供应商，必要时通过电话采购原材料。

（4）实地采购

实地采购包括本地采购和外地采购。对于一些特殊而重要的原材料（如高档山珍和名贵海鲜等），为了保证质量，减少中间环节，降低成本，采购人员经常要到原材料的原产地进行采购。对于这类原材料，采购人员要有准确分辨和识别原材料的能力和知识，要保证原材料的质量和出成率。

五、原材料采购的管理

原材料采购管理是企业管理的重要一环，要使所购原材料品种对路、质量优良、价格合理、数量适当、到货准时，必须从以下几方面加强对采购工作的管理：

1. 制定采购员的岗位准则

一是人品正直、可靠。如果发现采购员有舞弊行为，应立即将其调离岗位并进行教育和处理。

二是具有丰富的商品知识及较强的鉴别能力。采购员应熟知各种原材料的质量、规格、产地、存放要求、上市季节、鉴别要点等。

三是熟悉企业日常所需主要原材料的供求情况。

四是熟悉国家有关法律政策，熟知企业采购方面的规章制度。

五是掌握饮食经营与生产的有关知识，具备一定的烹饪知识，了解各种原材料的损耗情况和加工的难易程度。

六是熟悉财务制度，能够对采购业务进行科学的计量管理。

2. 制定采购规格

采购规格是根据菜单的要求对要采购的原材料所规定的详细的质量说明。为使采购的原材料达到预期的要求，必须对原材料制定采购规格，将其作为订货、购买及与供货单位沟通的依据。为避免因口头叙述产生的理解性误差，提高采购的有效性，通常采用书面形式加以说明，形成的文字就是采购规格书。一份实用的采购规格书应成为订货的依据、购货的指南、供货的准则、验收的标准。采购规格书（实例）见表 4-1。

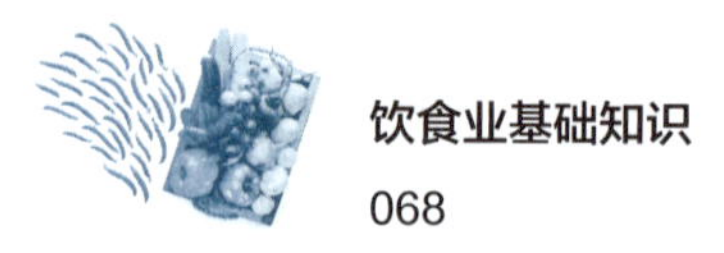

表 4-1　　　　采购规格书（实例）

品名	产地	部位或形状	色泽或外观等	气味或味道	出成率	发货或交货要求
比目鱼	上海	整条呈椭圆形，长度约为宽度的 2 倍	鱼肉硬而有弹性，呈白色，有光泽。鱼鳃应无黏液，呈红粉色。鱼鳞紧贴鱼身	无带氨味的腐败气味	能生产 40% 的鱼排	订货后次日交货，鲜鱼交货
葡萄	新疆	中等或较大，呈椭圆形或圆形	紫红色，无可见斑点或皮破损	甜酸适中	—	每日订货，次日交货
青岛啤酒	青岛啤酒股份有限公司	易拉罐装	淡黄色液体，崂山泉水酿制，原麦汁浓度 12°P，酒精度≥ 3.7% vol，每罐 330 mL	略带苦味	—	订货后第三日交货

采购规格书的作用包括：一是使管理人员根据菜单预先确定各种原材料的质量要求，使原材料的采购质量有保证，避免因采购质量不稳定而引起饮食产品质量不稳定；二是避免采购员与供应商之间对原材料质量发生分歧和矛盾；三是避免每次对供应商提各种原材料的质量要求，减少工作量；四是作为验收的质量标准，以便严格控制原材料质量。

采购规格书是根据饮食企业菜单中的产品要求编制的。使用固定菜单的企业，在一段时间内其产品相对稳定，原材料的采购规格也相对稳定。如果菜单变化或市场条件发生变化，采购规格就应立即调整或重新制定。确定采购规格是保证原材料达到理想标准的一项重要措施。

3. 建立采购计划管理制度

采购计划是采购员采购各种原材料的依据，饮食企业应建立采购计划管理制度。大批量采购时，必须由申请采购的部门提出采购计划，经主管部门批准，采购部门才能按计划进行采购。采购计划一般应包括品名、种类、质量、规格、价格、数量、到货时间等。通过采购计划可控制采购工作的进行，防止采购工作的盲目性与随意性。此外，对于企业日常的零星采购也应当有一定的计划性。

4. 健全采购手续制度

饮食企业必须健全采购手续制度，做到采购单据齐全、经济手续清楚。零星采购或农民自产自销的原材料，一般没有发票凭证，企业可以在征得有关部门同意后，自制专用凭证，如购买集市贸易原材料证明单（见图 4-2）。

出售单位（人）：____________
地　　址：____________　　　　年　月　日

品名	单位	数量	单价	金额	备注
合计：人民币（大写）					

第一联存根　第二联报账

负责人　　出纳　　验收人　　采购人

图 4-2　购买集市贸易原材料证明单

这类自制凭证只限于特定条件下采购原材料专用，并要严格执行采购人、验收人、企业负责人三级审核制度。

5. 加强采购工作的检查指导

为了加强对采购工作的检查指导，企业业务主管领导必须深入了解采购计划的执行情况，分析库存结构，检查采购工作的进程和质量，及时调整采购计划，实现供需平衡，做到既防止原材料脱销又防止原材料积压。

第二节　原材料验收

原材料验收是指对采购员所购买的原材料的品种、数量、质量、规格、价格等进行核实检查。采购员购进的原材料，包括直接拨付厨房使用的鲜货和需要入库保管的干货，都必须进行严格的原材料验收。原材料验收是保证原材料质量和控制饮食产品成本的主要环节，在饮食企业经营管理和成本控制中处于重要地位。完善的原材料验收虽不足以保证饮食企业经营成功，但经营有问题的饮食企业大多存在原材料验收不完善的问题。忽视原材料验收或验收不当是饮食企业经营的重大失误，有经验的管理者都把原材料验收视为做好经营、抓好成本控制的重要环节。

一、原材料验收的程序

原材料验收的一般程序如下：

1. 核实验收项目

验收人员在验收过程中必须核实收受的项目是否与订购单相符，凡未办理订购手续的原材料均不予受理，以避免不需要的原材料入库。

2. 检查原材料质量和规格

为使验收既高效又准确无误，验收人员应准备一份采购规格书，核实原材料的质量和规格是否与订购单上的一致，是否符合标准，做到有据可依。如果对原材料质量有疑问，可由厨师长等人员对质量进行技术鉴定，以避免验收中出现失误。

3. 检查原材料数量

供应商提供的发票上一般有货物的名称和数量（或重量），验收人员要检查原材料实物数量与订购单和发票上的数量是否相符，重量是否足实。

4. 签字盖章、送库房储藏

验收人员对原材料的名称、质量、数量、规格等验收完毕后，应先在发票上签字并加盖收讫章，再将发票送财务部门。然后，由采购员签字，表示采购员知道订货原材料已经收到。接着，成本核算员确认发票金额无误后签字。最后，主管人员确认发票金额无误后签字。签完字后，验收人员将原材料送库房储藏。

5. 填写验收报表和记录

验收人员验收完毕后要填写验收日报表（见表 4–2），以避免发生重复付款，报表还可作为进货的凭证。有的企业还要求验收人员对送入库房的货物填写验收记录单（见图 4–3）和货物标签（见图 4–4）。

表 4–2　　　　　　　　验收日报表

负责人________　　　　　　____月____日　　　　　　　　第____页

发票号	品名	数量	发货单位	单价	合计	发送地		
						厨房	库房	加工间
合计								

验收过程中若发现不当或瑕疵品应立即拒收。由于品质不良、储藏不当、制备过程错误或其他因素，造成原材料腐败、过期、损毁等，应由各使用部门依据事实随时填报报表，并由所属部门主管查证签字。购入时的价格由会计核查填写，并作相关账务处理。

验收记录单

品名 ________________

发货单位 ________________

地址 ________________

我店希望：

追加订货 ________________

调换订货 ________________

退货 ________________

其他 ________________

理由 ________________

_____年___月___日

负责人 _______

● 图 4-3 验收记录单

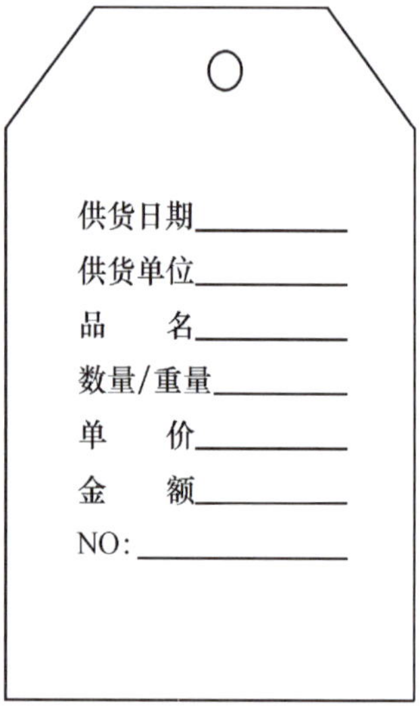

供货日期________

供货单位________

品　　名________

数量/重量________

单　　价________

金　　额________

NO：________

● 图 4-4 货物标签

二、原材料验收的要求

为使原材料验收顺利完成，并确保送到的原材料符合订货要求，原材料验收应符合以下要求：

1. 对验收场所和设备的要求

验收位置和场所直接影响货物交接验收的效率和工作量。理想的验收位置应当位于货场入口与库房之间，同厨房在同一个区域。这样便于控制运达的原材料，减少搬运距离和次数，减少工作失误。此外，验收常涉及许多发票、账单等，所以要设有验收室，并配备一定的办公用具来处理相关事务。

企业应配有合适的验收设备。最常用的验收设备是磅秤，其他如开启箱、罐用的小刀，搬运用的推车，盛装用的网篮和筐、箱等。

2. 对验收人员的要求

验收人员应秉公验收，坚持按制度办理一切验收手续；应受过专门的培训，掌握本企业采购原材料的标准，能够依据原材料采购规格书对原材料质量做出准确判断。验收人员要做到所验收的原材料项目、数量、重量、规格等与发票和订购单相符，原材料质量与采购规格书相符，原材料价格与企业规定的限价相符。

验收人员还要熟悉企业的财务制度，懂得各种账单处理的方法和程序，并能加以正确处理。

三、原材料验收的方法

原材料验收通常采用下列两种基本验收方法：

1. 按发票验收

按发票验收即验收人员按发票和订购单核对原材料项目和数量等。这种方法方便快捷，使用最为普遍。

2. 填单验收

填单验收指企业自制验收用的空白凭单，验收人员根据实收物品的名称、型号、规格、单位、单价、数量、金额填写验收单。这种方法可减少差错，但比较费时、费工。

验收单一式四份，一份交库房记账，一份交成本会计，一份交采购员，一份由验收人员留底。

第三节 原材料储藏与保管

原材料储藏与保管是收货和生产之间的重要环节，对饮食产品质量有直接的影响。

一、原材料储藏与保管的要求

合理的储藏保管规范、有效的安全控制、严格的记账程序是加强原材料储藏与保管工作的基本要求。

1. 环境卫生要求

始终保持储藏区的清洁是保证原材料质量和延长储藏时间的重要措施。将原材料储藏在干净的库房中（见图 4–5），可有效防止各种污染。如果发霉的原材料取走后不及时对库房进行清洁整理，霉菌就会散布在空气里，污染货架和其他货物。因此，对库房卫生应严格规定，保持清洁。管理人员要每天对库房进行整理、清扫，定期清洗冷藏库和除霜，定期清洗货架、盛器；要安排专人负责杀虫灭鼠、杀菌消毒；负责人要经常检查库房卫生，并制定卫生标准。

2. 存放要求

原材料存放应做到“四隔离”“四定位”。

“四隔离”是指生品与熟品隔离，成品与半成品隔离，性质特殊的原材料与一般原材料隔离，食物与杂物、药物隔离。

“四定位”是指定库、定架、定层、定位。

库存原材料要遵循先进先出、交替使用的原则。管理员要把新到的原材料放在旧的原材料后面，这样便于先使用旧的原材料。原材料上最好挂上标签，注明进货日期，管理员可按进货日期发货。

对直接进入厨房生产的鲜活原材料，应及时加工处理，当日购进，当日使用，不留存或少留存。未用完的原材料要放入冰箱、冰柜内或加盖、加罩，以防鼠啃虫咬。放在缸内的腌制品必须定期上下翻动，以防变质。

图 4-5　库房示例

3. 安全要求

(1) 库房应配备专用锁系统

管理人员离开库房时必须上锁。价格昂贵的原材料应锁于库房小间或库房分隔间内。钥匙应由专人管理，不得随意放置或请人代开锁。上锁后，拿取或存放钥匙应执行规定的登记手续。钥匙丢失后应立即报告，不得随意配制钥匙。

(2) 限制库房进出人员

除库房管理员外，仅允许领料人员、送货人员和有关负责人进入库房。未经许可，其他人员无论何时都不得进入库房。

(3) 加强监控

具有监控系统的企业可利用科技手段监视储藏区的情况。没有监控系统的企业可人工巡视检查。企业应制定有关监控规定，例如，将原材料运出门应有出门证明，不允许将任何原材料拿至无关区域。

另外，仓库的设计应符合安全的要求，消除一切不安全的因素和隐患。例如，门、窗、下水道等的设计应符合相关的安全标准。

4. 记录要求

原材料储藏相关账目要能正确反映原材料在入库、发放、存货三方面的时间、数量、价格等情况。这样将有利于控制存货量，决定订货量，计算发货量，确定成本和

审核成本。企业应建立明确的原材料存货卡登记制度，要求对每种原材料的入库和发放做好数量、金额的记录，记录各种原材料的结存量。这样可以保证原材料验收后能及时入库入账，防止丢失；便于根据领料单查找库存原材料去向；便于控制原材料短缺，为原材料采购管理提供方便；便于库房管理员寻找原材料和盘点库存。

二、原材料储藏与保管的方法

各类原材料需要用适宜的方法储藏和保管，才能达到储藏保管的目的，最普遍的方法有干藏法、冷藏法、冻藏法。

1. 干藏法

干藏法是一种常温储藏方法。干货、罐头、米面等原材料都可采用这种方法，相应的库房一般不需要供热和制冷设备，最佳储藏温度为 15~21 ℃，最高不能超过 37 ℃。

干货库房应保持相对干燥，否则湿度大容易使原材料变质。库房适宜的相对湿度为 50%~60%。库房的墙壁、地面返潮，管道滴水，液体货物泄漏等都会造成仓库湿度增加。为保持库房干燥，库房要保持良好通风。

采用干藏法的具体要求包括：

一是原材料应放在货架上储藏，货架离墙壁至少 5 厘米，离地面至少 15 厘米，便于空气流通和清扫，并防止污染。

二是原材料不仅要远离墙壁，还应远离自来水管道、热水管道和蒸汽管道。

三是使用频率高的原材料应存放在容易拿到的下层货架上，货架应靠近仓库入口处。

四是较重的原材料应放在下层货架上并高度适中，较轻的原材料应放在上层货架上。

五是打开包装的原材料应存于贴有标签的容器里，并能达到防尘、防腐蚀的要求。

六是所有有毒的物品（如杀虫剂、驱虫剂）、洗涤剂及清扫用具不准存放在食品储藏室中。

食品在低温下的保存期可更长一些。实验证明，在 20 ℃下储藏的食品的保存期，比 37 ℃下储藏的食品长 3 倍。

2. 冷藏法

冷藏是将冷库或冰箱的温度控制在 2~5 ℃，使储藏的原材料冷却而不冻结。这样既控制了微生物的繁殖，保证原材料的质量，又使原材料不必解冻而取用方便。由于冷藏对微生物只起抑制和延缓作用，故保持原材料质量的时间不能像冷冻那样长，控制微生物的效果只能在一定的时间内有效，所以要特别注意储藏时间的控制。冷藏的原材料既可以是蔬果类，也可以是畜、禽、鱼、虾、蛋、奶和熟食品等。

冷藏的具体要求包括：

一是通常进行冷藏的原材料应经过初加工并用保鲜膜包裹，以防止污染和干耗。存放时应用合适盛器盛放，盛器必须干净。

二是熟食类原材料应晾凉后再冷藏，盛放的容器须经过消毒，并加盖存放。其目的是防止原材料干燥失水和污染，避免原材料吸收冰箱中的异味。加盖后要易于识别。

三是要使原材料表面有冷空气自由流动，原材料放置时要间隔适当，不可堆积过高，以免造成冷气透入困难。

四是包装食品储藏时不要碰到水，不可放在地上。

五是易腐的果蔬要每天检查，发现腐烂时要及时处理并清洁存放处。

六是鱼虾类原材料要与其他原材料分开放置。奶品要与有强烈气味的原材料分开放置。

七是存取原材料时须尽量缩短开启门或盖的时间，要减少开启的次数，以免使库温产生波动，影响冷藏的效果。

八是随时或定期关注冷藏间的温度变化。

九是要定期进行冷藏间的清洁工作。

3. 冻藏法

冻藏法也叫冷冻法，是采用低温冻结储藏原材料的方法。操作时，一般将生鲜物或经过处理的原材料放在冻结装置中使水分大部分冻结，然后在 -18 ℃或更低的温度下进行储藏。这种方法可以有效地抑制微生物、酶类对原材料的分解作用，使原材料在数月至一年以上的时间内保持良好的鲜度和品质。

冻藏的具体要求包括：

一是冷冻食品到货后应及时置于 -18 ℃以下的冷库中储藏。储藏时要连同包装一起放入，因为这些包装材料通常是防水汽的。

二是所有需冻藏的新鲜原材料应先速冻，然后包上冰层或妥善包裹后再储藏，以防止干耗和表面受污染。

三是存放时要使原材料周围的空气自由流动。

四是冷库的开启要有计划，所需要的东西一次拿出，以减少冷气的流失和温度的

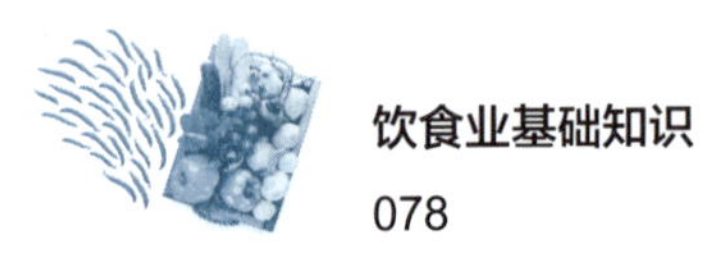

波动。

五是除霜时应将原材料移入另一冷库，以利于彻底清洗冷库。通常这种情况应选择库存量最小时进行。

六是取用应遵循先进先出的原则，轮流交替存货。

七是任何时候都要保持货架整齐清洁。

八是要定期检查冷库的温度。

除上述几种方法外，还可采用高温法、脱水法、密封法，以及盐腌、糖渍、酸渍、酒渍和熏制法等。有些动物性原材料购进时是活的，因烹调的需要，还需要在短期内进行活养。

活养应根据不同的品种采用不同的方法，如鲜活的淡水鱼、淡水虾应放在清水里（最好是河水）；螃蟹应用湿包扎紧，使其减少活动，否则螃蟹易消瘦或死亡；海产品要保持水中适宜的咸度和含氧量，使海产品保持鲜活。

综上所述，饮食产品原材料的储藏保管方法很多，管理者可依据这些方法来制定储藏保管工作的准则，以便对储藏保管工作进行质量检查和督导。

第四节　原材料发放

原材料发放要确保能及时地满足生产要求，确保发出的每种原材料都有手续和记录，而且发放的数量和所付的金额都准确无误，做到物、账、卡三者完全相符。

一、原材料发放管理的目的

原材料的发放出库和验收入库一样，同样是原材料管理的重要环节。严格执行原材料的发放及领料手续，对控制厨房用料数量、正确核算产品成本具有重要的作用。

一是通过加强原材料的发放管理保证厨房等生产部门用料得到及时充分的供应。

二是通过严格的申领发放制度合理控制厨房等生产部门的用料数量。

三是在发放过程中，严格做好原材料的申领领用和发放记录，以便正确核算产品成本。

二、原材料发放管理的要求

1. 直接采购原材料的发放统计

直接采购原材料主要是指要立即使用的易腐易坏类原材料。这类原材料进货并验收后直接发放到厨房，不经过入库环节，其价值按进料价格直接计入当日的成本。成本核算员在计算当日直接采购原材料成本时，只需抄录验收人员日报表中的直接采购原材料总金额即可。若一批直接采购原材料当天未用完，剩余部分可在后期继续使用，但要把当天厨房的进料额作为原材料的发放额和成本来计算。

2. 库存原材料的发放管理

库存原材料包括干货、冷冻食品等。这些原材料经采购验收后送入库房，其价值计入流动资产的原材料库存项目内，而不是直接计为成本。原材料从库房发出后，其价值计入饮食成本中。每日库房向厨房发出的原材料都要登记在发料日报表上。报表上汇总每日库房发料的品名、数量和金额，注明这笔金额分摊到哪个饮食部门的饮食成本上，并注明领料单据的号码，以便日后查对。月末，将库房发料日报表上的发料总额汇总，便得到本月库房发料总额。为做好库存管理和饮食成本的核算，库存原材料的发放要符合下列要求：

（1）定时发放

为使库房管理员有充分的时间整理仓库，检查各种原材料的库存情况，不致因忙于发料而耽误其他工作，饮食企业应规定每天固定的领料时间。一般饭店规定 8：00 —10：00 和 14：00 —16：00 为仓库发料时间，其他时间除紧急情况外一般不予发料。有的企业规定，领料部门应提前一天交领料单，使库房管理员有充分时间提前准备，以避免和减少差错。这样既节省了领料人员的时间，也促使厨房管理人员对次日的顾客流量做出合理预测，计划好次日的生产。

（2）凭领料单发放

领料单是库房发放原材料的原始凭证，领料单上准确记录了库房向各厨房发放的原材料品名、数量以及实发原材料的价格和金额。领料单是计算账面库存额、控制库存短缺的工具，可以反映各厨房从库房领取的原材料价值，是计算厨房饮食成本的工具。领料单必须一式三份，一份随发出原材料交回领料部门，一份转交财务部门，一联由库房留存，以汇总每日领料情况。发料人员要坚持原则，做到没有领料单不发放，没有经审批的不发放，领料单有涂改或不清楚的不发放，手续不全的不发放。在发放时，如遇到库房缺货，应在领料单上该原材料旁边注明“缺货”二字，发料人员不得随意涂改领料单。

此外，领料单必须由厨师长等管理人员核准签字，库房才能发料。库房发料后，发料人和收料人都要签字。领料单上的领料项目栏不能留有空白，如有应由领料人当面划掉，以免库房管理员私自填写。

（3）做好发放和存货记录

工作人员应根据领料单做好原材料的发放记录和存货记录，使库中的实物与账目一致，使库房的账目与成本控制人员或成本会计手中的账目一致。同时，应如实记录原材料的使用情况。厨房经常需要提前几日准备生产所需的原材料，例如，一次大型宴会的菜品原材料往往需要数天甚至更长的准备时间。因此，如果有的原材料不在原材料领取日使用，则必须在领料单上注明该原材料的消耗日期，以便把该原材料的价值计入其使用日的成本中。

此外，对长期未使用的库存原材料，工作人员还应该主动提醒主管人员尽快使用，避免造成腐败、变质、过期等，以提高资金的周转速度，充分利用库房空间，提高管理效率。

3. 原材料内部调拨的处理

大型饮食企业往往设有多个餐厅、多个厨房，有时餐厅、厨房之间会发生原材料的相互调拨。为使各部门的成本核算尽可能准确，企业可以使用原材料调拨单记录所有调拨往来。在统计各餐厅、厨房的成本时，要减去各部门调出的原材料金额，加上调入的原材料金额，这样可使各部门的经营情况得到正确反映。原材料调拨单应一式三份（或四份），调入与调出部门各留存一份，另一份及时送交财务部门（有的企业要另送一份给库房记账）。

思考与练习

1. 简述饮食企业常见的原材料采购程序。
2. 一名合格的采购员应具备哪些条件？
3. 阐述饮食产品原材料验收的程序与要求。
4. 饮食产品原材料储藏和保管的要求有哪些？
5. 饮食产品原材料的发放必须遵循哪些要求？

第五章
厨房生产与管理

学习目标

1. 了解厨房生产的特点与作用。
2. 了解厨房布局的基础知识及常用厨房设备的性能、特点。
3. 掌握厨房生产业务及厨房管理的基本要求。

厨房是饮食企业的生产部门，厨房生产管理是整个饮食企业管理的重要组成部分。厨房生产水平和菜点质量直接关系到饮食企业的特色和形象，影响企业的经营效益。

第一节 厨房生产的特点与作用

厨房是饮食企业唯一生产实物产品的部门，厨房在饮食经营中所处的位置特殊，它在饮食经营中发挥着极其重要的作用。

一、厨房生产的特点

厨房生产是指厨房员工运用烹调技术，按照一定的标准和操作程序，对各类烹饪原材料进行有计划、有目的的加工的过程。厨房生产的主要特点如下：

1. 品种繁多，定制生产

一个厨房通常每天需要提供数十种甚至数百种菜点，而这些菜点在内容、形式、数量、制作方法上都不相同。而且，很多顾客对菜点的需求往往存在差异，如偏咸、偏辣或清淡、免辣等，个别定制特点明显。这些正是厨房生产的一大特殊性。

2. 生产时间短

顾客从进入餐厅到离开餐厅，用餐较快的约半小时，用餐较慢的 1~2 小时，而在这短暂的时间内，厨师必须完成所有菜点的生产制作。这不仅要求厨房的各项准备工作要充分，还要求每一位厨师在生产过程中具有充足的烹饪原材料和熟练的烹调技艺。只有这样，才能满足顾客的需求。

3. 生产量难以预计

厨房生产的饮食产品不同于其他产品，是先有消费者后进行生产，这也是其一大特殊性。由于消费者的数量和喜好经常受到天气、季节、交通、节假日等因素的影响，

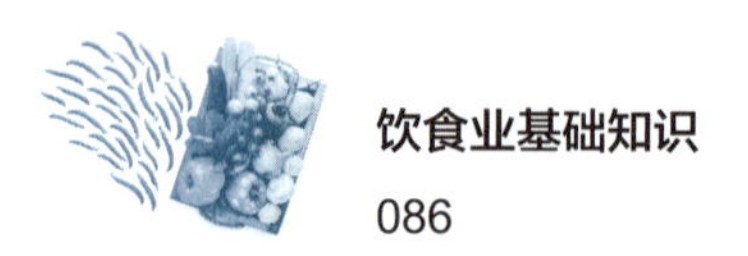

所以厨房的生产量难以预计，这就给厨房的备料、人员安排和管理带来一定的困难。厨房的管理者需要根据以往的销售记录、生产经验做出较为准确的估计。

此外，厨房的生产量也受时间和生产场所的限制。饮食产品的销售有一定的时间性，早餐、中餐、晚餐相对固定的时间段限制了厨房的生产量。同时，厨房的生产量也受生产场所的限制。如果厨房狭小，应有的设备不足，厨房人员相对不够，那么就餐高峰时菜点的生产量也必定会受到影响。

4. 产品易腐败变质和损耗

多数菜点选用鲜活原材料制作，成菜不易保存，极易腐败变质，且大多数菜点无法二次加工销售，如不及时销售，就容易被细菌、灰尘污染。如果厨房管理不善，还容易被内部员工损耗。这样可能导致企业成本提高、利润下降。

5. 产品质量具有不稳定性

厨房生产的饮食产品质量具有不稳定性，主要表现在以下几个方面：

一是菜点必须因人、因事、因地点、因季节等因素的变化而变化。

二是菜点生产具有一定的协作性。一道菜或一道点心往往不是一个人所能完成的，需要由数人协作完成。如果上一道工序的产品不合格，就会影响下一道工序，从而影响最终产品的质量。

三是菜点生产是手工操作，每一位厨师的手艺有差异。即使是同一位厨师，在生产制作中往往会因体力、情绪、环境等因素造成产品质量的差异。

四是即使同样的原材料，由于产地、季节的不同，在生产制作中也会发生不同的变化。

饮食企业产品质量的内容包括三个部分：一是有形的饮食设施，二是有形的菜点，三是无形的服务和烹饪技艺。

二、厨房生产的作用

1. 厨房的生产质量是饮食企业产品质量的核心

菜点质量是有形的质量，是饮食企业产品质量的核心，是顾客评价饮食企业服务水平的主要标志。在原材料质量、设备水平大体相同的情况下，不同企业的菜点质量主要是由厨房工作人员尤其是厨师的操作技能水平和发挥程度决定的。

2. 厨房的成本控制是提高企业经济效益的重要手段

饮食企业产品成本主要是由主料成本、配料成本、调味料成本和燃料成本构成的。厨房消耗主料、配料、调味料和燃料的多少，决定了产品的实际成本。计划毛利率能否实现，主要取决于在厨房生产过程中能否严格控制成本，减少损失浪费，而毛利率的高低是影响企业效益的重要因素。一个管理有方、技术稳定的厨房，通过合理降低成本，以价格适宜的美味菜点吸引顾客，扩大销售，可以为提高企业经济效益发挥很大作用。因此，成本控制是饮食企业获利的根本措施。只有加强厨房成本控制，才能提高企业利润。

3. 厨房的生产变化是淡化饮食企业经营季节性差异的重要方式

我国大多数饮食企业的经营有明显的季节性。例如，在旅游旺季，外出旅游的顾客较多，相对来说，饮食企业在这段时间生意往往比较兴隆。而在旅游淡季，游客较少，厨房生产设施和人员往往闲置较多。此时，厨房可适时调整生产品种，举办一些美食节，提供风味小吃、自助餐等以招徕顾客，也可制作一些适合本地居民消费的半成品或外卖食品，扩大营业收入，以淡化经营季节性差异。

4. 厨房是整个饮食经营活动的中枢

饮食企业经营活动的中心任务是为顾客提供饮食服务，而饮食服务的主体是为顾客提供优质的菜点饮料等产品。因此，生产菜点饮料等产品的厨房就构成了整个饮食经营活动的中枢。

由于厨房在饮食企业经营中具有重要地位和作用，所以企业必须加强厨房的生产管理。饮食企业要重视厨房的生产组织、协调、分工，从而实现烹调制作的专业化、标准化、规范化、制度化，以优异的产品质量、周到的服务提高企业经济效益和社会效益。

第二节　厨房布局

厨房生产的工作流程、生产质量和劳动效率，在很大程度上受厨房布局影响。厨房布局的合理性直接关系着员工的工作量、工作方式，以及企业各部门之间的关系和投资费用等。科学合理的厨房布局可以节省生产人员的体力消耗，降低厨房经营成本，方便管理，提高工作质量和劳动效率。

一、影响厨房布局的因素

厨房布局就是根据厨房的建筑规模、格局、生产流程及厨房内各部门之间的关系等因素，确定厨房各岗位的位置以及设备设施分布的方法。要实现合理的厨房布局，必须对诸多影响因素加以考虑。

1. 厨房的建筑规模和格局

这类因素主要包括各作业区面积大小、场地形状、房间分隔、房间高度、门窗位置等。

2. 厨房的生产功能

厨房的生产功能不同，其生产方式也不同，布局也必须与之相适应。例如，布局时要考虑厨房是加工厨房还是烹调厨房，是中餐厨房还是西餐厨房，是宴会厨房还是快餐厨房，是粤菜厨房还是川菜厨房，等等。

3. 厨房的生产设备

厨房所需生产设备的种类、型号、功能、工作能源等情况，决定着它们摆放的位置和占据的面积，影响着厨房的基本布局。

4. 公用事业设施状况

厨房布局必须注意电路、燃气管道、进排水管道、消防设施等方面的情况。在公用事业设施不方便接入的地区，安装生产设备的开支比较大，因此，布局时必须对生产设备的有效性做出充分估计。

5. 有关法律法规和有关部门的要求

厨房布局要考虑有关法律法规和有关部门的要求，如《中华人民共和国食品安全法》对有关食品加工场所的规定，卫生防疫部门、消防安全部门提出的要求等。

6. 厨房的投资费用

厨房的投资费用决定了厨房的布局标准和范围，因为它决定了是使用新设备还是改造现有的设备，决定了是重新规划整个厨房还是仅规划厨房内特定的部位。

二、厨房整体布局

厨房整体布局是指厨房整个生产系统的设计规划。中小型饭店的厨房是一个多功能的综合厨房，而大型饭店的厨房则是由若干个分厨房组成的，每一个分厨房既相互联系又相互独立，在布局上连成一个整体性的生产系统。在厨房的位置、面积、生产区域分布、设备配置、工作流程上，都要体现整体作业的协调性。

1. 厨房位置的确定

厨房位置要与厨房的工作流程相适应，要有利于工作人员之间的联系，有利于厨房生产管理。厨房位置的具体要求是：

一是厨房要尽可能靠近相应的餐厅，以缩短服务员上菜的路程和时间。

二是主厨房、分厨房应设在同一建筑区域或同一楼层，这样有利于生产管理，有利于水、电、气等设施相对集中，可节省多种开支。

三是主厨房要尽量靠近原材料储藏区，以方便领料，方便原材料的运送。

四是厨房的地势要相对高一些，这样便于通风和采光，便于污水的排放和货物的装卸。

2. 厨房面积的确定

厨房面积受厨房的生产性质、厨房种类、厨房所使用原材料的加工程度、厨房生产量、菜单内容等因素的制约。如果厨房使用未加工过的原材料，那么该厨房就必须设置初加工间；如果厨房所使用的原材料绝大部分是加工过的半成品，那么厨房面积就可相对小一些；如果菜单上的菜点复杂，则制作的工序就多，所使用的设备也多，相应地，厨房面积也就要大一些。

厨房面积对厨房生产至关重要，它直接影响着厨房的工作效率和产品质量。厨房面积过小，会使厨房拥挤、闷热，不仅影响生产速度，而且会影响员工的工作情绪及身心健康。厨房面积过大，员工工作时所行走的路程就可能增加，这样既浪费了人力和时间，又会增加清扫、照明、维修、设施购置等费用。通常情况下，确定厨房面积的方法有以下两种：

（1）根据厨房供餐人数确定厨房面积

根据厨房供餐人数来确定厨房面积时，常见厨房面积标准见表 5–1。

表 5–1　　常见厨房面积标准

厨房供餐人数（人）	平均每位用餐者所需的厨房面积（平方米）
100	0.697
250	0.48
500	0.46
750	0.37
1 000	0.348
1 500	0.309
2 000	0.279

通常厨房供餐人数越多，用餐者人均所需厨房面积就越小。这是因为小型厨房的辅助间和过道等所占面积在厨房总面积中所占的比例比大型厨房的要大。

（2）根据面积比例确定厨房面积

一般饮食企业各部门（设施）占企业总面积的比例有一个大致通行的经验值，具体见表 5–2。

表 5–2　　饮食企业各部门（设施）面积比例表

部门（设施）	面积占比（%）
餐厅	50
客用设施	7.5
厨房	21
仓库	8
清洗设施	7.5
员工设施	4
办公室	2
合计	100

厨房（除辅助间外）面积一般应占餐厅总面积的40%~50%，占饮食企业总面积的21%左右。该比例有一定的变化范围，这是由于不同厨房的生产功能存在差异。另外，由于用料情况、制作工艺、设备规格、场地可利用面积等因素的影响，确定厨房面积时可适当灵活变通。

3. 厨房内部环境的布置

厨房内部环境布置主要包括厨房的屋顶高度、墙壁、地面、门窗及排水系统等。

（1）厨房的屋顶高度

厨房应有适当的屋顶高度。如果厨房的屋顶高度不够，会使厨房生产人员有一种压抑感，也不利于通风透气，并容易导致厨房内温度较高。反之，如果厨房屋顶过高，则造价高，费用大，卫生难做。根据工程学要求和厨房生产经验，厨房的屋顶高度一般以3.2~3.8米为宜。

（2）墙壁和地面

厨房的墙壁应力求平整光洁、色泽清爽、干净卫生，最好用瓷砖贴面，一般瓷砖离地高度至少2米以上。厨房的地面通常要使用耐磨、耐高温、耐腐蚀、不掉色、不吸油、不滑溜、易于清扫、能承受重压的地砖。地面颜色要简洁鲜明，不可过于艳丽，否则易使厨房生产人员产生疲劳感。此外，厨房地面要平整、不积污垢并有适当的倾斜度，冲洗后地面不应积水。

根据旅游饭店星级评定要求，三星级以上饭店的厨房墙壁必须用瓷砖从墙脚贴至天花板。

（3）门窗、通风和采光

厨房的门窗要便于货物、人员的进出，便于通风、采光和清洗。门窗上应设置纱门或纱窗，以防止苍蝇、蚊子等小昆虫的侵入。

通风除靠自然通风外，还可采用换气扇、排油烟机、空气交换器等设备进行机械通风。由于厨房内油烟很浓，故排油烟设备大多设置在炉灶正上方，以及时排出油烟。

厨房采光仅靠窗户的自然采光往往光度不够，还应采用人工照明。在布置照明灯时，应考虑光的强度、颜色、方向和覆盖面。安装照明灯时既要避免产生阴影，又要防止产生眩光。灯光的颜色要自然，以避免看物品时颜色失真，且光线要稳定、柔和。

此外，照明灯大多要安装保护罩，特别是炉灶区必须安装，因为灯管或灯泡瞬间受热时易发生爆裂。

（4）排水系统

厨房排水系统必须能应对生产中的最大排水量。排水沟的深度要适宜并要严密加盖，要防止水发生逆流。同时，下水口要有隔渣网，以防止鼠虫等小动物的侵入。

（5）温度控制

厨房布局必须考虑厨房温度的控制，由于厨房作业的特殊性，厨房往往会形成闷热的环境。温度过高会导致厨房生产人员消耗较多的体力，工作耐力下降，心情烦躁且容易疲劳。因此，布局时应重视烧烤、蒸煮热量的排出，尽量使用隔热性能好的材料和设备。有条件的企业还可采取一些相应的措施。例如，将中央空调通进厨房，在一些小型厨房中安装空调器，以控制厨房的温度，提高员工的工作效率。但厨房的温度并不是越低越好，温度过低，厨师受冻手脚麻木，工作效率也会下降。一般厨房适宜的环境温度应为 20 ℃左右。

（6）噪声控制

厨房是一个比较嘈杂的地方。噪声既分散人的注意力，使人心情烦躁，影响工作效率，又会使人血压增高，听力下降，影响身体健康。因此，厨房应尽量隔开噪声区，并在噪声较大处使用消声材料。同时，还可优化厨房内的设备，以降低噪声。

4. 厨房各部门的区域布局

根据厨房工作流程，通常可把厨房分成三个作业区域，每个区域设置若干个相应的工作部门，从而构成整个厨房体系。

（1）原材料接收、储藏及加工区域

该区域主要包括进货口、验收处、干货库、冷藏库和初加工处。

（2）烹饪作业区域

该区域主要包括冷菜间、点心房、配菜间、炉灶间、办公室等。冷菜间、点心房、办公室须单独隔开，配菜间与炉灶间可合在一起。

（3）备餐及清洗区域

该区域主要包括备餐区、清洗间、餐具储藏间等。小型饭店可以不进行分隔。

厨房各部门区域布局如图 5–1 所示。

三、厨房作业区布局

厨房的作业区由若干个工作岗位的作业点组成。作业点是厨房布局最基本的单位，是一位员工的操作岗位。各部门所需作业点的多少取决于该部门的工作量。作业区和工作岗位的布局应考虑中餐厅厨房（见图 5-2）、西餐厅厨房（见图 5-3）等的不同要求，作业区场地的形状、大小和设备的情况，人体动作幅度，作业动作的节省，以及作业时菜品的移动路线。

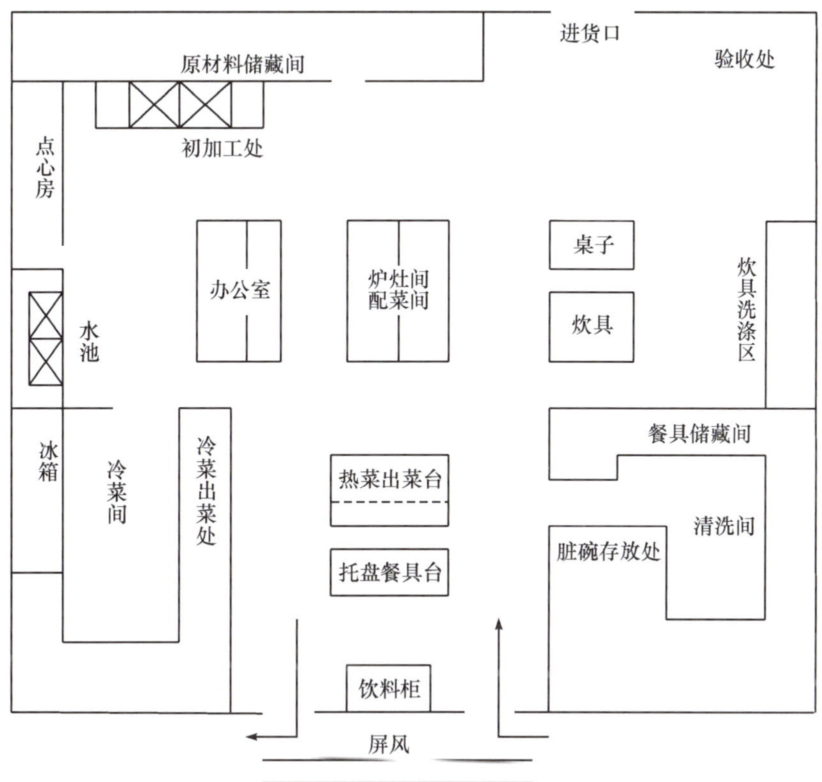

图 5-1　厨房各部门区域布局示意图

图 5-2　中餐厅厨房

● 图 5-3　西餐厅厨房

常见的厨房作业区布局有以下几种：

1. 直线形布局

直线形布局即将设备按“一”字靠墙摆放或在一个长方形的排烟罩下排列。这种布局适用于各种厨房，往往按照工作流程的顺序依次排列各设备。图 5-4 展示的是蔬菜加工间直线形布局，其工作流程由图解说明表示。

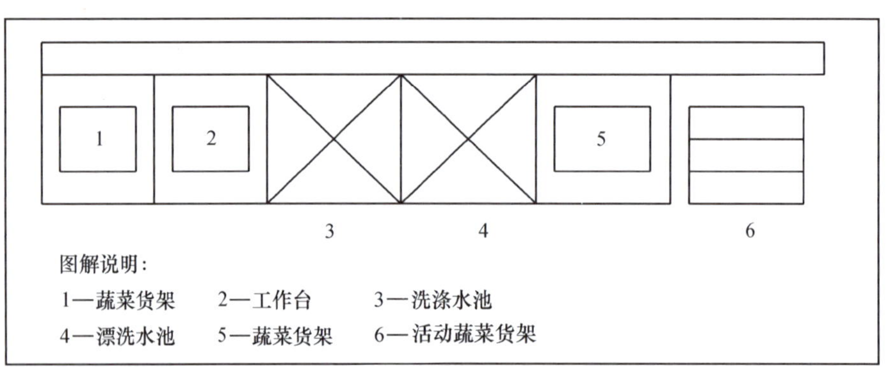

● 图 5-4　蔬菜加工间直线形布局示意图

2. “L”形布局

采用“L”形布局时，通常沿墙壁将设备摆放成犄角形。这种布局往往能充分利用厨房空间，减少厨房面积的浪费。图 5-5 展示的是面包房“L”形布局，其工作流程由图解说明表示。这一布局考虑到制作面包的工作特点和操作的方便，水池紧靠搅拌机。由于搅拌后就要分份，所以工作台要紧靠搅拌机。由于分份后要用面团切割搓圆机成形并取出制品放入铁盘，所以又布置了一张工作台，接着是醒发和烘烤设备。

3. “U”形布局

图 5-6 展示的是切配作业区“U”形布局，其工作流程由图解说明表示。

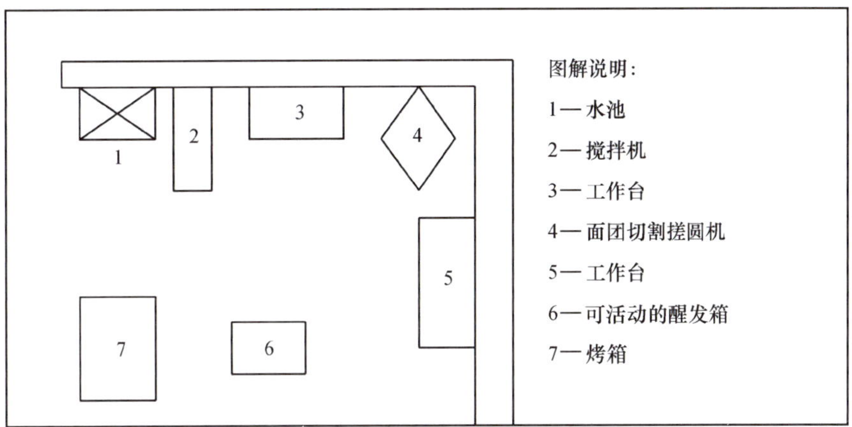

图 5-5　面包房“L”形布局示意图

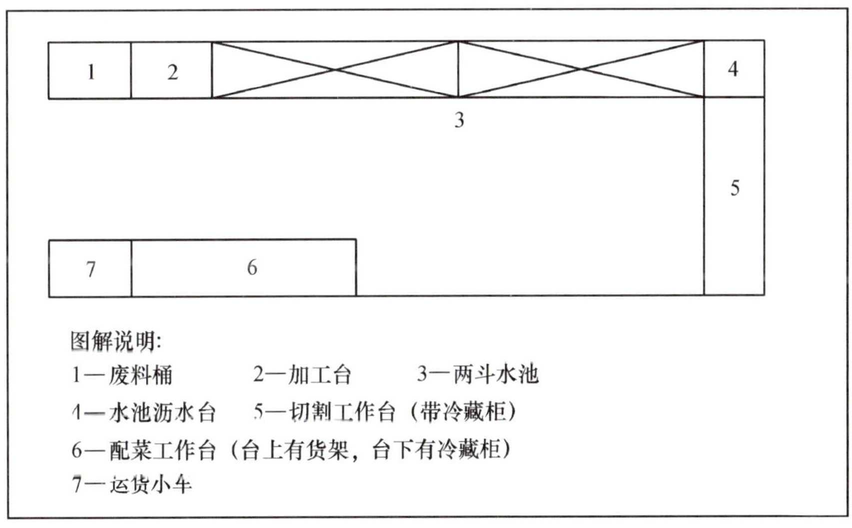

图 5-6　切配作业区“U”形布局示意图

4. 平行状布局

平行状布局即将设备分成两排，背对背平行排列或面对面平行排列。图 5-7 展示的是炉灶作业区平行状布局，其工作流程由图解说明表示。

1	2	3	4

5

图解说明：

1—工作台（台下有冷藏柜，台上有搁架） 2—油炸锅

3—工作台（台下有储藏柜） 4—炉灶 5—工作台及接收出菜台（台下有冷藏柜）

背对背布局

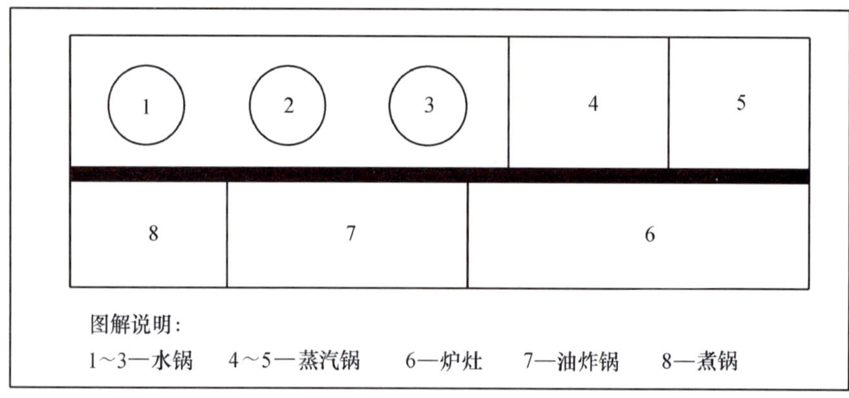

面对面布局

图 5-7 炉灶作业区平行状布局示意图

第三节　厨房设备

厨房设备泛指在厨房内用于烹饪加工、制作、储藏、清洗等工作的各种器物，它是保证厨房生产顺利进行的物质条件。先进、完善的厨房设备对减轻员工的劳动强度、提高厨房工作效率、改善厨房工作环境、丰富菜点品种、提高菜点质量等都起着非常重要的作用。

一、炉灶

炉灶是厨房在烹制菜点时用来加热的设备。严格地讲,“炉”和“灶”是有区别的。“炉”一般指用来进行烘、烤、熏等直接加热的烹调设备，如烘炉、烤炉、熏炉等。它的加热方式主要以热辐射为主，要求火力均匀、持久。“灶”是用来进行炸、炒、烧、炖、蒸等非直接加热的烹调设备，如蒸灶、炒灶、汤灶等。它的加热方式以热传导与热对流为主，要求火力集中且旺。但目前饮食业中，“炉”“灶”两字往往相互通用，不加区分。

1. 炉灶的基本要求

炉灶的结构和性能对厨房生产效率及菜点质量具有很大的影响。一个好的炉灶应具备以下四个基本条件：

（1）热能利用率高

以往厨房中所使用的传统炉灶（如煤灶、柴灶等），燃料往往不能完全燃烧，且燃烧所产生的热量也只有一部分能够用于烹调，大部分都散失在周围的空气中，其热能的利用率较低。目前，在饭店中普遍使用的燃气灶、柴油灶，其热能利用率要比传统炉灶高得多。

（2）火力和温度易于调节

烹调方法多种多样，不同烹调方法需要使用不同的火力和温度。烹制一个菜点的工艺过程中可能需要不同的火候，有时要旺火，有时要中火，有时要小火。因此，一个好的炉灶必须能够灵活地控制、调节火力和温度。

（3）符合劳动保护的要求

炉灶一定要性能稳定、安全，要符合劳动保护的要求，避免出现一些不必要的事故，如灼伤、漏电、漏气、爆炸等。

（4）符合清洁卫生的要求

煤灶由于燃料的原因，往往会从炉口飞出烟灰，不但影响工作人员的健康，而且会污染周围的食物，因此在饭店厨房中已被逐步淘汰。现在普遍使用的燃气灶、柴油灶，一般都是无烟无灰、外表整洁、易于冲洗的设备，比较符合清洁卫生的要求。

2. 常见炉灶

（1）炒灶

炒灶的品种很多，外形各异，使用的能源也多种多样，常用的能源有天然气、液化石油气、柴油等。炒灶灶膛较深，底部安装有一圈喷嘴和一根点火棒，灶膛四周装有高出灶面的圆形生铁圈或不锈钢圈，圈上有 2~3 个缺口，以供火焰上蹿及空气流通之用。炒灶外表往往由不锈钢制成，造型美观大方，便于清洁，且火力集中，火势易于控制，适于采用炸、熘、爆、炒等旺火速成的烹调方法。

（2）汤灶

汤灶又称低灶，火眼较低，灶面上设有放置汤锅的架子。汤灶火势稳定，易于控制，适用于吊汤及煮制食品等。汤灶的安装位置一般较低，灶面离地面的高度约为 40 厘米，以便于制汤。使用汤灶时，注意汤锅不要盛装过满，以防汤汁溢出而浇灭火焰。汤灶下面用于收集油污的托盘要每天清洗。

（3）蒸汽灶

蒸汽灶一般由不锈钢底座、蒸汽盘管、蒸笼组成。蒸汽灶便于调节，适用于蒸制各种菜肴和点心，也可以用于食品保温。使用蒸汽灶时要注意安全，防止被蒸汽烫伤。从蒸笼内拿取食品时，首先要关闭气阀，然后打开笼盖，让高温蒸汽散去，再用抹布拿取。此外，滴在蒸汽盘管上的油污容易堵塞气孔，故要经常清洗蒸汽盘管，并经常更换蒸锅中的水。

（4）烤炉和烤箱

烤炉、烤箱是炉灶的一种。传统的烤炉是用砖砌的。过去有的粤菜馆制作菜点还用地坑炉。新式烤炉、烤箱大多为电热式或远红外线式，具有热效率高、耗电少、受热均衡、操作简便等优点，可用来烘烤多种食品，如烤面包、烤蛋糕、烤鸡、烤鸭、烤鹅等。其所用的发热器表面温度较高，热量直接辐射到被烘烤的食品上，制品色、香、味俱佳。

（5）微波炉

微波炉是一种比较现代化的加热设备，其主要优点是大大缩短了烹调时间，加热均匀，热力穿透性强，能够保持食品的原有风味，减少维生素的损失且易于调控。微波炉不仅可用于加热食品、烹调菜肴，而且可以用来杀菌、保温、快速解冻等，用途十分广泛。

二、炊具

炊具是用于烧煮的器具。由于各地方和各厨房的使用习惯不同，炊具的种类很多，而且规格不一。常用的炊具有以下几种：

1. 锅

锅是厨房中最重要的一种炊具，按照形状和用途不同可分为炒锅、煎锅、汤锅、高压锅、砂锅、钢精锅、不粘锅、电饭锅（又称电饭煲）等。

2. 手勺

手勺是用于投料、翻搅锅中菜肴以及将烹制好的菜肴出锅装盘的工具。手勺呈圆形，直径 10~13 厘米，有一长柄。传统的手勺顶端装有木柄，而新式手勺的整个长柄全部由铁或不锈钢制成。

3. 漏勺

漏勺是用来滤油或从油锅或汤锅中捞出原料的工具，是铁制连柄、浅底广口的勺子。勺面有很多小孔，孔有大小两种。大的漏勺直径约 30 厘米，小的漏勺直径约 20 厘米。

4. 笊篱

笊篱用铁丝、铜丝或竹篾等编制而成，用途与漏勺大体相同，可用于在汤里捞取原料，但主要用来捞油渣。

5. 网筛

网筛是过滤汤汁或液体调味品的工具，是用细铜丝网做成的、有竹框的圆形筛子。滤汤的网筛可分为滤清汤的和滤浑汤的两种。滤清汤的网筛铜丝眼很细，每 10 平方厘米约有 120 孔。滤浑汤的网筛尺寸较小，孔较大，每 10 平方厘米约有 80 孔，主要用于滤去调味品中的杂物。滤浑汤的汤筛还可以在筛内加一块细布，以使滤出的汤更清。

6. 铁叉

铁叉是指用于烧烤食物或在沸水、汤汁中捞取大块原料的工具。一般情况下，铁叉的一头为铁柄，另一头为双叉头。

饮食业中常用的铁叉有：长叉（叉长 1 米，把长 80 厘米），适于烤乳猪等大件食品；中长叉（叉长 80 厘米，把长 80 厘米），适于烤猪方等；短叉（叉长 35 厘米，把长 25 厘米），适于烤仔鸡、全鱼等。

7. 蒸笼

蒸笼是指蒸制食品的炊具，一般用竹子制作，也有用锑皮、白铁皮制作的。蒸笼的规格不一，最大的直径在 1.3 米以上，最小的在 7 厘米左右，常用的在 66~76 厘米之间，上有蒸笼盖。蒸笼盖的形式有两种，一种是平顶形蒸笼盖，另一种是圆锥形蒸笼盖。前者在使用时，蒸汽凝成的水会滴在原料上从而影响菜点的形状和口味，后者则不会有此现象，故一般选用圆锥形蒸笼盖。

8. 砧板

砧板又称切菜板，是指对原材料进行刀工操作时的衬垫工具。砧板一般是木质的，以皂角树、活银杏树的中段或红柳木制作的为佳。砧板通常为圆形，也有长方形、椭圆形等其他形状，其尺寸大小根据实际需要而定。

9. 各种刀具

厨用刀具种类较多，常见的有切刀、劈刀、砍刀、斩刀、旋转刀、面包刀、牡蛎刀、水果刀及各式雕刻刀等。

三、工作台

厨房工作台俗称案板。传统案板是用厚 5 厘米以上的木板制作的，造价较低且经久耐用。但这种案板比较笨重，吸水后很难清洗，细菌容易在案板上繁殖。近年来，多数新建饭店的厨房采用了铝合金架、不锈钢台面的工作台或不锈钢多功能工作台，如双、单向移门调理台，冷藏调理台等。这种金属工作台抗腐蚀性强，坚固耐用，美观整洁，是现代化的厨房设备。但厨房白案部的案板大多仍然采用传统的木案板。

四、厨用机械

厨用机械是现代化厨房的必要设备。虽然厨房生产过程中大量操作仍依靠手工，但随着科技的进步，厨房生产中也有一些工序实现了机械化操作，大大提高了劳动效率，减轻了厨房工作人员的劳动强度。目前，厨房常用的机械设备主要有绞肉机、切片机、去皮机、切碎机、多功能搅拌机、和面机、洗碗机等。

1. 绞肉机

绞肉机是将整块肉料加工成肉糜的机器。绞肉机主要由不锈钢放料盘、转轴、刀片、圆形多孔板、电动机等部分组成，其工作原理是通过电动机带动转轴及转轴一端的刀片旋转，使经过放料盘下料口投入的肉料不断地被挤压、绞磨，最后通过出料口的圆形多孔板输出肉糜。

绞肉机用途较广，除了可以用于制作各种肉糜外，还可用来绞蔬菜等多种原材料。它操作简便省力，加工效率高，每分钟能绞肉类原材料 6~7 千克。

2. 切片机

切片机是将原材料加工成不同厚度的片状物的机器，其机型有刀片垂直形和刀片倾斜形两种，制品厚度从 0.05 厘米到 4 厘米不等，主要通过机器下方的厚度调节旋钮调节。切片机可用于切肉片、鱼片、土豆片、姜片、面包片等，它操作简便，出品质量较高，速度较快。

3. 去皮机

去皮机是利用砂盘高速旋转打磨原材料表面使其脱皮的机器，其外形如圆桶，上部有一圆形下料口和一根进水管，内有波浪形砂盘及电动机，原材料去皮后通过中部的方形出料口输出。去皮机可用来加工土豆、生姜、芋头等，其优点是效率高、浪费少（因其只是磨去原材料表面的一层薄皮）。

4. 切碎机

切碎机又称多功能粉碎机，其配备的刀具种类多，可以快速切出片、块等多种形状，还可以进行切剁、揉搓、粉碎等操作，用于加工肉片、肉糜、面包粉等较为方便，所以一般厨房普遍使用。

切碎机由不锈钢底座、圆形盛料桶、各种刀片、有机玻璃盖及一根转轴组成，按其调速方式不同可分为多级调速切碎机、无级调速切碎机和自动控制切碎机三种。

5. 多功能搅拌机

多功能搅拌机容量有大有小，小的为 5 升，大的为 140 升。多功能搅拌机配有搅拌盆、搅拌器和铁丝打蛋器等部件，另外还配有切丝、切片、切丁和碾末用的配件。

五、储柜与货架

1. 普通储柜

普通储柜是指在常温下用于储藏厨房食品或物品而无须冷藏功能的储藏柜。普通储柜通常可分为两种，一种是带移动门的封闭柜，另一种是带纱窗的储柜。带纱窗储

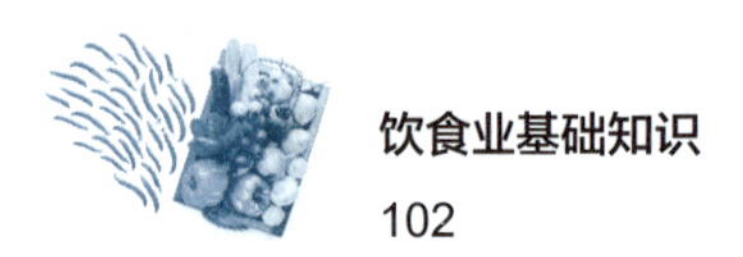

柜的优点是既可防蚊蝇污染食品，又能使柜内空气流通，避免食品产生异味。普通储柜既可以储藏食品，也可以存放碗碟、刀具等物品，一般采用不锈钢制作。

2. 冷藏储柜

厨房常用冷藏储柜有冰箱、冷藏调理台、冷藏陈列柜、冷库等。

（1）冰箱

冰箱的样式较多，有双门、四门、六门、八门等几种样式，根据冰箱制冷方式和制冷温度不同，又可分为速冻柜、冷藏柜和冻藏柜等类型，以供储藏不同的食品或原材料。使用多门冰箱应按规定操作，尚未冷却的熟食不能放入冰箱；经常取用的食品或原材料应集中于一个冷藏室内，要尽量减少冰箱门的开闭次数，先存的食品或原材料要先取用；要定期停机清洗柜中的污水，保持柜内清洁卫生。

（2）冷藏调理台

冷藏调理台上面是不锈钢工作台，下面则是冰箱。该类设备在冷菜间、配菜间等工作点比较常见，具有使用方便、易于清洁、节省厨房空间等优点。

（3）冷藏陈列柜

冷藏陈列柜又称冷藏展示柜，其柜门由透明保温玻璃制成，柜门两边有照明灯管，从外面可以直接看到内部的储藏物。这种冷藏陈列柜的温度一般设定在 2~5 ℃之间，大多用于储藏水果、糕点、冷菜及酒水等。

（4）冷库

冷库是现代饭店必备的大型冷藏设备，饭店的冷库往往以活动式冷库居多，采取风冷式制冷。冷库按容积不同可分为 M6、M9、M13 等几种规格，按库内温度不同又可分为预冷间、速冻间、冷藏间、冻藏间。

3. 货架

厨房还应备一些货架，最好是多层货架，用于搁放各种用具、器皿，如用于搁放各种厨房用具的用具架、用于搁放各种碗碟的碗碟架等。货架有木质和金属质两种，可根据厨房情况选用。

六、通风与排气设备

由于厨房生产具有特殊性，所以厨房内常常油烟、蒸汽弥漫，既造成设备及空气污染，又损害工作人员的身体健康，还遮挡工作人员的视线，降低其工作效率。因此，厨房的通风与排气对于保障工作人员的身体健康、提高工作效率是十分重要的。厨房仅靠自然通风远远不够，必须借助机械通风系统和排气装置来通风排气。厨房常用的通风与排气设备有单向排风扇（抽风电扇）、双向换气扇、抽油烟机及安装在炉灶正上方的排烟罩（或抽风罩）等。排烟罩种类很多，较为先进的是气帘式排烟罩和运水排烟罩。

1. 气帘式排烟罩

这种设备在抽吸油烟、蒸汽的同时，在炉灶上方靠近工作人员处往下输出新鲜空气，形成“气帘”，防止油烟向外扩散，以增强排气效果。

2. 运水排烟罩

该设备顶部有一块倾斜度为 45° 左右的不锈钢板，循环自来水从板的背面流过，当高温的油烟和蒸汽被抽吸而向上升腾时，遇到温度相对较低的不锈钢板，会在其表面凝结成油滴和水滴，并沿着倾斜的不锈钢板流进油污收集槽内被排出。注意要经常清洁这种设备的内外表面，防止油污积存。

在选用通风与排气设备时，还要根据厨房面积和预定换气速度确定设备功率。

第四节　厨房生产业务

厨房生产是为餐厅服务的，厨房必须以餐厅为中心组织、调配业务工作。管理者要将厨房生产中的各个工作环节进行系统的安排和控制，使整个饮食生产系统形成一个高效率的整体。

一、厨房生产预测及计划

厨房应根据餐厅或饮食主管部门的要求以及餐厅正常的营业情况，测算出每日的业务工作量，并通知采购人员准备次日所需的原材料。厨师长在了解当天的业务情况后，要及时做好当天的业务安排及调度工作。一方面，要安排好生产人员，确定哪几个厨师负责宴会，哪几个厨师负责团体包餐，哪几个厨师负责零点散客等，及时做好人员调度工作；另一方面，要根据当天的生产任务确定初加工原材料的种类和数量，以便有关班组提前做好准备。

二、厨房生产的准备

厨房生产的准备主要是指餐厅开餐前厨房生产的各项准备工作，各个生产业务组在厨师长的指挥下，按各自分工进行准备。

1. 初加工组的准备工作

初加工组应将当天所需的蔬菜进行择剔、清洗，将禽类、水产品进行宰杀、剥洗，并分类分级交切配组备用。

2. 切配组的准备工作

切配组应将已定菜肴（如已预定宴席、团体包餐等的菜肴）和常用零点菜肴配好装盘，同时，要把各种常用原材料加工成片、丝、块、丁等，分类摆放，置于工作台上，以便随时取用配盘。

3. 炉灶组的准备工作

炉灶组的准备工作是做好半成品和汤类的烹制，备好调料，并保持灶具、炊具的完好。

4. 冷菜组的准备工作

冷菜组要事先制备熟食，切好待用的配料，并做好已定花色冷菜的拼摆及食品雕刻工作。

5. 面点组的准备工作

面点组应制作好常用点心，同时要准备好面、馅等，以便临时制作。

三、厨房生产的实施

厨房生产的实施主要是指餐厅开餐后厨房开始烹制菜点。开餐时间一到，厨房各岗位的生产人员在厨师长统一指挥下，各就各位。一旦接到点菜单或宴席开餐通知，厨房就要根据点菜单的先后次序开始实施菜点的烹制。在开餐的这段时间内，厨房应以餐厅业务的进展为依据，以炉灶为中心安排工作，厨房中的一切工作岗位都要服从炉灶的需要。同时，厨房应与餐厅密切配合，哪些菜要上得快，哪些菜要上得慢，都要根据餐厅的通知来烹制。厨房还要通过餐厅跑菜员随时了解餐厅业务的进展情况，以便随时调整厨房的生产业务。

厨房开餐时的业务程序为：厨房排菜人员接受点菜单，把点菜单交有关的切配厨师；切配厨师配好菜，将菜连同点菜单送炉灶厨师；炉灶厨师烹制完后将菜交给跑菜员，并留下点菜单；跑菜员按所记桌号送餐厅。如果既有冷菜又有点心，那么就要同时通知冷菜组和点心组。一张点菜单的所有菜点由一个跑菜员负责跑菜。

厨房生产的菜点一般由厨师本人按照标准菜谱加工并控制其质量，厨师长对菜点进行巡视检查。符合质量要求的菜点，由跑菜员按出菜顺序准确无误地从炉灶工作台或传菜间送往餐厅。如发现有不符合质量要求的菜点，要阻止出菜。

四、厨房生产的班后业务

厨房烹制的菜点一般在当班卖完，但是餐厅营业结束并不意味着厨房生产的结束。

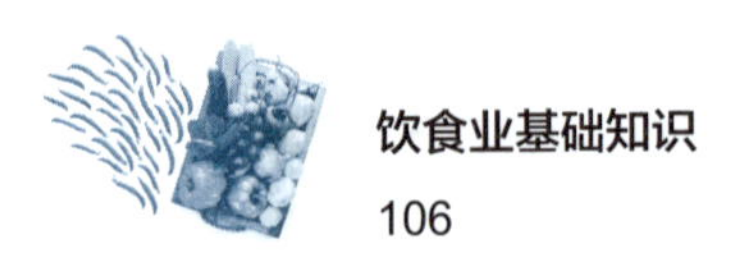

餐厅结束营业后，厨房尚有相当多的班后业务。

1. 厨房清洁卫生工作

厨房生产结束后，工作人员应将工作台和地面冲洗干净，使用煤灶的应掏清炉渣。炊具、刀具、工作台都应清洗干净。绞肉机、切肉机、和面机等机具应按规定清洗。碗、碟等盛具应放入碗柜或用清洁的纱布覆盖，调味品应加盖，以免污物落入。

2. 剩余原材料、半成品的处理和保存

当天领用或采购的鲜活原材料以及当天加工的半成品，如使用不完，在生产结束时应妥善处理。一般可存入冰柜或冷库，也可采取焯水或过油的办法处理。汤锅的存汤要煮沸。

3. 做好次日生产的准备工作

厨房生产结束后，相关人员要做好次日部分原材料的备料及初加工工作，如干货的涨发、一些半成品和汤类的烹制等。

4. 安全检查

厨房生产结束后，应熄灭火源，关闭燃气或燃油阀门，切断电源，关闭门窗，旋紧水龙头，防火防盗。

五、菜点开发与创新

饮食企业不但要有独到的经营方法，还要有多变的营销策略，要不断制造热点、卖点，才能不断吸引顾客。不断地研制出新的菜式，既能树立企业的良好形象，也能增强顾客对企业的信心。经营者只有及时把握顾客需求，做到常创常新，为顾客提供更多的选择机会，才有可能赢得市场，战胜竞争者。应根据科学消费和绿色消费原则来开发新品种，其中应着重考虑以下几个方面：

1. 原材料

厨师要认真从原材料创新上下手，扩大选材范围，使用外地（包括国外）的新型原材料，如稀有菌类、花卉、昆虫、挪威三文鱼、波士顿龙虾等。

2. 口味

中国菜肴口味变化无穷，厨师要在结合传统方法的基础上，采用单一口味和复合口味的制作技术，进行一些科学改良，开发出受顾客欢迎的新口味。

口味的创新应涵盖热菜、冷菜和火锅等。中餐可以借鉴西餐调味品（如黄油、西式芥末、西餐酱汁等），运用中西结合的方法研究新菜点。要充分吸收融合各大菜系及更多地方菜肴的特点，创新使用各类调味品，开发出更多的新口味菜点，更好地满足顾客的需求。

3. 器皿

菜点离不开器皿，而器皿衬托菜点。中国美食不仅注重菜点的色、香、味、形，还对盛装菜点的器皿十分重视。随着时代的进步和人们审美水平的不断提高，饮食企业对器皿的创新与改革也势在必行。目前，在常见的陶瓷器皿的基础上，已发展出了各类金器、银器以及木质、竹质、贝壳和玻璃器皿，提高了用餐的格调和档次。除质地外，器皿创新还可以从形状和色彩入手，如由常见的圆盘发展出多边形、椭圆形、花卉形、动物形等，如图 5-8 所示。有的厨师将原材料本身作为器皿，也是一种新的尝试，如佛手瓜盅、椰子盅、西瓜盅等。

图 5-8　造型别致的器皿

4. 造型

菜点造型分一般造型和形象造型。一般造型多为一般菜点出锅装盘的自然造型，形象造型则是利用原材料本身的可塑性，经过刀工处理制作的造型。优美别致的菜点造型往往对顾客有很强的吸引力，也是菜点开发与创新的一个重点，如图 5-9 所示。

图 5-9　造型优美的创新菜点

5. 烹调方法

烹调方法的创新也是菜点开发与创新的一条重要途径。相同的原材料、配方，只要变换烹调方法，就能创造出不同的口味。例如，在一定条件下，炒制的菜肴可以用“爆”的技法加工，干煸菜肴、水煮菜肴等可以用“煸”的技法加工，从而获得不同风味特色、质感的菜点。

此外，还可从历史文化、营养健康、古菜及农家菜等方面加以借鉴，开发与创新菜点。

第五节 厨房管理

厨房管理是一门科学，也是饮食企业管理的重要组成部分。厨房管理水平直接影响整个企业在顾客中的口碑和盈利水平。

一、厨房管理的概念和作用

1. 厨房管理的概念

厨房管理是指厨房管理人员依照一定的厨房生产业务流程、原则，遵循一定的程序和方法，对厨房内各项资源进行有效的计划、组织、指挥、监督和协调，充分调动厨房工作人员的积极性、创造性，以实现企业经营目标的活动过程。

厨房管理的目的是，及时向顾客提供安全、卫生、优质的饮食产品，满足他们的饮食需要，并使企业获得最佳的盈利。

2. 厨房管理的作用

（1）有利于做好厨房生产

科学的管理是做好厨房生产的保证。优质的烹饪原材料和技艺精湛的名厨只是做好厨房生产的基本条件，在此基础上，还应建立科学的管理制度，使厨房业务管理系统化、规范化，只有这样，才能保证菜点的质量，使厨房得以高效、顺利地运转。

（2）有利于企业赢利

厨房成本控制是厨房管理的重要环节。从经营角度来看，加强厨房生产各流程中的成本控制，对饮食企业盈利至关重要。如果厨房生产成本失控，就会导致企业利润下降。因此，成本控制水平是衡量厨房管理水平的主要标准之一。

（3）有利于发挥人力资源的最大效能

厨房是一个劳动密集型的场所，工作人员多，工序复杂且往往是手工操作，有些工种相对独立。加强厨房管理，合理组织人力，可充分挖掘每位工作人员的潜能，调动其积极性。同时，通过厨房管理，可有效促使各工种、各部门、各作业点之间相互配合、共同协调，以保证厨房生产的正常运行，最大限度地发挥每位工作人员的特长。

（4）有利于提升顾客满意度

良好的厨房生产管理是制作优质菜点的根本保证，也是让顾客满意的重要保证。只有生产管理到位，厨房才能稳定地制作出品质优良、安全卫生的菜点，从而让顾客满意。

二、厨房的人员管理

厨房业务工作需要人来操作和完成，厨房管理说到底就是人的管理。厨房的人员管理就是运用科学的方法，对厨房的工作人员进行有效利用和能力开发，以提高厨房工作人员素质，实现最优化的组合，最大限度发挥工作人员的积极性，从而不断提高厨房工作人员的工作效率。

1. 厨房人员管理的目的

（1）打造一支优秀的厨房员工队伍

厨房管理者要不断吸纳优秀的厨房员工，培养、提高厨房员工素质，为厨房业务顺利开展提供人力资源保障。

（2）打造最优化的团队组织

厨房生产工作需要多个岗位密切协作完成，优秀的厨房员工队伍应当是一个有机的整体。厨房人员管理的目的就是通过科学的人员组合，使员工职责分明、能位相称、人尽其才、才尽其用，形成一个精干、有序、高效的团队组织。

（3）营造自动自发的人事环境

人的管理，其实质并非“管人”，而在于“得人”，谋求人和事的最佳配合。厨房人员管理的目的就是通过各种有效的激励措施，营造良好的人事环境，使厨房员工安心工作、乐于工作，最大限度地把聪明才智和积极性发挥出来。

2. 厨房人员的培训

提高厨房人员素质，关键在于培训。通过有效的培训，企业可以系统地提高厨房人员的业务技能，进而提高厨房的生产效率和工作质量；可以使新入职的员工了解厨房的工作环境、设备及企业的各项规章制度，从而较快地进入工作角色。同时，通过对厨房业务技术骨干的培训，企业可以增强他们的管理意识和管理能力。

（1）培训的途径和形式

厨房人员培训的途径和形式有很多，常见的有：在本企业内举办短期培训班，由业务技术骨干或外聘的特级厨师执教；在本企业内组织专业技术比武、专业技术研讨会等技术交流活动；在各岗位业务技术骨干的带领和指导下，进行岗位实际操作培训；到专业院校或专业培训班进行系统学习；到其他饭店进行实习培训。

（2）培训的内容

厨房人员培训的内容主要包括职业道德、专业理论知识、专业操作技能、思想政治和文化知识等。

3. 厨房人员的激励

通过激励调动员工工作积极性、激发员工工作热情是厨房人员管理的主要任务之一。常见的激励方式包括以下几种：

（1）物质激励

物质激励就是通过满足员工对物质利益（如加薪、实物奖励等）的需求，来激发员工工作积极性的一种激励方式。在一定条件特别是员工经济不十分宽裕的条件下，物质激励会产生相当大的激励作用。当然，物质激励并非是万能的。管理者要将物质激励与其他激励方式相结合，使之相得益彰。

（2）目标激励

使用目标激励方法时应注意目标的先进性和合理性，定的目标既不能过低，也不能过高。达到目标之后，与员工利益相关的部分要及时兑现，以使激励真正起到作用。目标要根据企业经营情况实行动态调整，以保持良好的激励作用。例如，某饭店对月营业额制定了一个目标，如果饭店营业额超过目标的 10%，则给每位厨房员工的月奖金相应提高 10%。在刚开始的几个月，这种方式对厨房员工有较大的激励作用，但营业额达到一定水平、相对稳定之后，其激励作用就有所下降。此时，饭店就应当对目标进行调整。

（3）荣誉激励

有的企业通过向有突出贡献的员工授予一些荣誉称号，来激发其工作积极性以及对企业和工作的责任感，并激励其他人奋发进取，这种激励方式就是荣誉激励。厨房常见的荣誉称号有优秀员工、先进工作者、技术能手（或标兵）、金勺奖、十佳厨师等。

（4）情感激励

管理者可以用真诚的感情去打动员工，尊重、信任和关怀员工，从感情上赢得全体员工的信赖，以此来激发员工工作积极性，这种激励方式就是情感激励。情感激励在员工感情上产生的效应往往是积极、强烈而持久的，对培养员工工作热情和良好工

作动机可产生积极有效的影响。

（5）角色激励

厨房员工在各自的岗位上都扮演着一定的职务角色，如厨师长、切配师、打荷师、炉灶厨师、烧烤厨师、点心厨师等。不同角色被赋予了不同的责任。角色激励就是让个人认识并担负起相应的责任，激发其努力工作的热情，满足其成就感。例如，绝大多数厨房对炉灶厨师比较重视，其薪酬与其他岗位的厨师相比也相对较高。而许多饭店规定，切配师、打荷师必须在原岗位干满 1 年以上且表现优秀，才能有机会转为炉灶厨师。

（6）竞争激励

竞争激励实际上也是荣誉激励，包括厨房竞赛活动等形式。竞争激励可以充分调动厨房员工的潜在能力，提高他们的技能，从而有效地提高其工作效率。

（7）惩罚激励

管理者可以通过批评和惩罚的方式，使有错误行为的员工认识错误、改正错误，同时促进其他员工努力工作，避免出现同样错误，这种激励方式就是惩罚激励。批评和惩罚仅仅是一种手段，而不是目的，要做到对事不对人，并在批评惩罚的同时多做一些鼓励工作，以便起到良好的激励作用。

此外，激励的方式还有很多，如晋升激励、信任激励、榜样激励、信息激励等。激励并没有固定的模式，厨房管理者要根据具体情况灵活运用。激励是一种有效的人员管理方法，但不是唯一的方法。在实际管理工作中，只有将激励与其他方法有机地结合起来，才能更好地发挥激励的作用。

三、厨房的菜点质量管理

1. 菜点质量管理的要求

菜点质量管理就是根据菜点生产流程，以原材料采购、操作规程、烹调技术和质量规格为基础，以菜点的色、香、味、形为最终表现形式，对菜点及其生产全过程进行控制，以达到厨房生产管理目标的一种管理行为。菜点质量管理的要求主要有以下几点：

（1）制定标准菜谱

标准菜谱是统一操作程序和控制菜点质量的重要工具，其内容包括菜点名称、菜点所需的各种原材料的名称和数量、操作程序和方法、每客分量、装盘器具及附有菜点成品质量标准的彩色图片。标准菜谱一旦制定，厨房生产人员就必须严格按照标准菜谱进行生产，以确保菜点的质量。

（2）提高厨房生产人员的技术水平

厨房生产人员技术水平直接影响着菜点的质量，它是提高饮食产品质量的关键。

（3）建立严格的质量检查制度

为了确保产品质量，厨房必须制定严格的质量检查制度，建立质量检查小组，设立专职的质量检查人员，把好菜点生产各环节的质量关。

2. 菜点质量管理的内容

（1）原材料加工的质量控制

原材料加工是菜点质量控制的关键环节，对菜点的色、香、味、形起着决定性的作用。因此，厨房在抓好原材料采购质量管理的同时，必须对原材料的加工质量进行控制。绝大多数原材料必须经过粗加工和细加工以后，才能用于菜点生产。

（2）原材料配份的质量控制

菜点原材料配份也叫菜点配份或配菜，是指按照标准菜谱的规定，将制作某菜点需要的一定种类、数量、规格的原材料选配成标准分量的过程。配份是决定每份菜点的用料及其相应成本的关键，因此，配份的控制是保证菜点出品质量的关键一环。菜点配份首先要保证相同菜点的原材料配份必须相同，否则，菜点的质量就不稳定。必须严格按标准菜谱配菜，统一用料标准，管理人员还应加强岗位监督和检查，使菜点的配份质量得到有效的控制。

（3）烹调过程的质量控制

烹调是菜点生产的最后一个环节，是确定菜点色泽、口味、形态、质地的关键环节。菜点烹调阶段质量控制的主要内容包括厨师的操作规范、烹制数量、成品效果、出品速度、成菜温度，以及对失手菜肴的处理等几个方面。

四、厨房的设备管理

厨房设备管理水平不仅关系到设备的使用寿命，而且关系到饮食产品的质量和生产效率、能源的节约及操作者的人身安全。厨房设备管理的措施主要有以下几个方面：

1. 建立健全岗位责任制

厨房生产对设备的依赖性较强，因此设备的先进程度、使用与保养到位状况对厨房生产有很大的影响。厨房设备管理应该做到定人、定岗、定部门，遵循“谁使用、谁负责管理、谁清洁保养”的原则。厨房新设备投入使用前，要对设备操作人员进行操作规程培训，操作人员经考核合格后方能上岗。厨房管理者还应定期请有关技术人员负责厨房设备的维护和保养工作。

2. 制定并遵守操作规程

厨房设备种类繁多，使用频率也很高，管理者应根据设备的不同特点和要求，对其使用方法、操作规程及注意事项做出规定。设备操作人员严格遵守操作规程是提高设备生产率和产品质量的保证。反之，如果违章操作，不但会影响到设备的工作性能及使用寿命，还会发生安全事故，危及员工的人身安全。操作人员工作时注意力要集中，不得擅自离开开动的设备。一旦发现设备运行异常，要立即停机检查，分析原因并采取有效措施排除故障。操作人员不得随意拆卸设备，以防事故发生。复杂设备应在显眼处标明操作程序和注意事项。

3. 采取可靠的安全措施

对于比较危险的厨房设备或设备零部件，如切片机的刀片、绞肉机的料斗等，要安装防护装置。以电为动力源或热源的设备，要安装可靠的接地线和专用保险闸，以防触电等事故的发生。加热设备要安装温度自控装置，以免发生火灾。所有设备要定期检查和维修，及时更换有关零件，消除事故隐患。非专业人员不得随便拆卸设备部件。

五、厨房的卫生与安全管理

厨房卫生管理是保证菜点质量、防止污染、预防疾病的重要手段，厨房安全管理是为了保护顾客身体健康、保障员工人身安全和企业财产安全而实施的重要措施。

1. 厨房的卫生管理

厨房卫生管理的内容主要包括以下几个方面：

（1）厨房环境卫生的控制

厨房在选址时要考虑两个因素：一是要注意防止周围单位对厨房环境的污染，尽量避开排放“三废”（废水、废渣、废气）的单位；二是厨房最好不要设在地下室，因为地下室不利于通风、采光、排放烟尘和防潮，食品也极易腐烂变质。

在生产过程中，必须保持厨房内外环境整洁，地面干净，四壁无蜘蛛网，地下水道畅通，并要有消灭苍蝇、老鼠、蟑螂和其他有害昆虫以及消除其滋生条件的措施。对垃圾废物的处理，厨房要有切实可行的措施，要符合国家卫生防疫部门的有关规定。

（2）餐具和厨具卫生的控制

餐具、厨具都必须进行严格的消毒，要做到“一刮、二洗、三冲、四消毒、五保洁”。“一刮”是要刮去残羹剩料，“二洗”是要用洗涤剂洗去油污，“三冲”是用清水冲洗，“四消毒”是用沸水、蒸汽、电子消毒柜或药物进行消毒，“五保洁”是指防尘、防污染。此外，餐具、厨具消毒要由专人负责，要建立严格的管理制度。未经消毒的餐具不许用于接触直接入口食品，厨房工作人员和餐厅服务员都应对此进行严格监督。厨房负责人要经常检查餐具、厨具消毒情况，以确保餐具、厨具清洁卫生。

（3）厨房工作人员个人卫生的控制

厨房工作人员平时要养成勤洗澡、勤理发、勤洗手、勤剪指甲、勤换衣服等良好卫生习惯，工作时要穿戴洁净的工作衣帽。在厨房生产过程中要避免一些不良的行为，例如，工作时用手摸头发、抠耳朵，随地吐痰，扔烟头，随意用手拿食物吃，对着菜点大声讲话、咳嗽或打喷嚏，接触钱币或大小便后不洗手，把工作围裙当毛巾擦手、擦脸等。此外，厨房工作人员必须持健康证才能上岗工作。

（4）厨房操作卫生的控制

在生产过程中，厨房工作人员必须严格执行《中华人民共和国食品安全法》的有关规定，加强卫生管理。凡不符合食品卫生标准、卫生规定的原材料一律不得使用，如腐败变质的原材料，含有致病性寄生虫、微生物或微生物毒素含量超过国家限定标准的原材料，病死、毒死或者死因不明的动物及其制品，超过保存期限的原材料，含有未经国家批准使用的食品添加剂的原材料等。

厨房工作人员要严格遵守操作规程，做到生熟食品的刀具、砧板、盛器等严格分开，不能混用。尤其在制作冷菜时，一定要使用经过消毒处理的专用工具，防止交叉污染。切熟菜的刀具、砧板，不用时应以干净的白纱布盖好，用时先消毒。切配和烹调要实行双盘制。配菜应使用专用配菜盘、碗，当原材料下锅后应当将使用过的盘、碗及时撤掉，换用消毒后的干净盘、碗盛装成菜。营业结束后，各种调味汁和原材料要放置在相应的冰箱内储藏。要注意食品的卫生状况，生熟食品要分别放置。

2. 厨房的安全管理

厨房的不安全因素包括主观、客观两类。主观因素是员工思想上麻痹，违反安全操作规程及管理混乱；客观因素是厨房本身工作环境较差，设备、器具繁杂且混放，从而导致厨房事故(如火灾、盗窃、跌伤、撞伤、扭伤、烫伤、割伤、触电等)的发生。针对上述情况，应主要从以下几个方面加强厨房安全管理：

一是建立健全各项安全制度，使各项安全措施制度化、程序化。特别是要建立防火安全制度，做到有章可循、责任到人。

二是加强对厨房员工安全知识的培训，克服主观麻痹思想，强化安全意识。同时，加强岗位操作培训，使员工准确地掌握各种厨房设备、器具的操作方法。

三是改善厨房工作区域的劳动条件，保证设备处于最佳运行状态。对厨房设备采用定位管理等科学管理办法，保证工作程序的规范化、科学化。

深入了解

厨房的“7S”管理

“7S”管理起源于日本，在许多企业的厨房得到推行。“7S”管理的对象是生产现场的环境，它对生产现场环境全局进行综合考虑，并制订切实可行的计划与措施，从而达到规范化管理。其具体内容为：

整理（seiri）——即区分要与不要的东西，并将不要的东西处理。整理的目的在于腾出空间，防止误用，打造清爽的工作场所。

整顿（seiton）——即将必需品按规定定位、定量摆放整齐，明确标识，置于任何人能立即取到和立即放回的状态，即“寻找时间为零，放回时间为零”。整顿的目的在于使工作场所的物品摆放得当，一目了然，工作秩序井井有条，避免浪费寻找的时间。

清扫（seiso）——即清除工作场所内的脏污，对异常设备马上检修，消除污染源，使岗位干净整洁，设备保养完好。清扫的目的在于稳定产品品质，争取做到零故障，并保证员工良好的工作情绪。

清洁（seiketsu）——即将前三个“S”的实施标准化、制度化，并维持效果。清洁的目的在于形成惯例，使之成为制度化的基础。

素养（shitsuke）——即对于规定了的事，大家都能按要求去执行，并养成一种自觉的习惯。它的目的在于提升人的品质，让员工遵守规章制度，培养具备良好素质习惯的人才，铸造团队精神。

安全（safety）——即消除人的不安全行为和物的不安全状态。安全的目的在于保证员工的人身安全和生产的正常进行，防止各类事故的发生，减少经济损失。

节约（saving）——即对时间、空间、能源等方面合理利用，以发挥其最大效能，从而创造一个高效率的、物尽其用的工作场所。

六、厨房的外包管理

厨房外包也称厨房工资承包，即饮食企业将厨房工作承包给若干名具体承包人（一般是厨师），由承包人招聘组织厨房工作人员，安排厨房工作，负责厨房管理，并根据工作内容、工作量和双方商定的一些其他项目，确定厨房工资总额，由承包人统一发放和支配。

近年来，许多中小型宾馆饭店的饮食部和一些社会性饮食企业都采用了厨房外包的管理形式。这种厨房管理形式既明确了责任，又省去了许多具体管理上的麻烦，如岗位设置、人员招聘、加班工资计算等，给企业带来了经营管理上的方便和一定的经济效益，但在具体操作中也存在一定的问题。

1. 厨房外包管理的优势

（1）有利于保证产品质量的稳定性

厨房工作对专业技能的要求较高，如果厨房人员特别是炉灶厨师等主要成员不是同一流派，往往会由于技术迥异，发展到个人之间矛盾激化，影响团结，影响工作情绪，同样也会造成出菜质量的不稳定。在许多未实行厨房外包的饮食企业中，厨房内部矛盾较多，一菜多味，菜点味道因厨师而异的现象经常出现，而厨房外包则基本消除了这一现象。厨房外包管理有利于出菜的标准化，能够保证产品质量的稳定性，从而帮助企业树立良好的形象。

（2）有利于调动承包人积极性，提高厨房工作水平

工资承包形式增加了厨房承包人的收入，大大调动了其积极性，使其在内部管理、新菜开发上可以投入更大的精力，从而提高了饮食企业的新菜推出频率。此外，承包工资总额在承包人心目中是一个自身价值衡量问题，这个额度往往很大程度上取决于承包人的名气与行业影响力。所以，承包人为提高自身价值，必然认真专注于已承包的厨房工作。那些懂技术、善管理的高级厨师或资质好、潜力大的新生代厨师努力工作必然会促进饮食企业产品质量的提高与产品花色品种的更新。

可以说，近年来饮食业发展迅猛，菜点制作水平日趋精进，一部分优秀厨师收入提高，都与厨房工资承包这一分配制度密切相关。

2. 厨房外包管理的问题

（1）承包金额确定标准问题

饮食企业依据何种标准来确定总的承包工资额度，目前尚无统一规范。通常做法是企业根据承包人的工作经历、名气、试菜情况和企业规模大小，与承包人共同商定出一个价格。这种议价方法主观性太强，随意性较大，商定的工资额度不一定合理，还可能存在寻租空间。同时，有些企业未将承包金额与营业额挂钩，使承包者不承担任何经营风险，容易使企业蒙受损失。

（2）合同中的承包责任条款问题

有的承包合同条款比较含糊，未能明确承包方的具体责任。于是，有些承包人先以较低的价格获得承包权，再利用合同条款的漏洞，以各种借口（如供应餐数增加、

工作量增加等）要求企业增加工资，甚至以集体罢工相要挟，使企业不得不妥协。此外，由于没有明确承包责任，营业中的某些厨房责任事故（如退菜）往往无法追究承包人责任。

（3）管理协调问题

厨房承包之后，承包人在用人、分配、成本控制、质量管理和菜点品种确定等方面拥有较大自主权，而饮食企业的相关负责人（如饮食部经理）很难直接插手厨房管理，于是，在厨房与餐厅衔接上，如出菜速度的控制、服务员与厨师的配合、厨房与餐厅的信息沟通、饮食经营整体方案的推出等方面，就容易出现问题。另外，承包后厨房内部人员容易形成小集团，使企业的有关规章制度很难在厨房得以真正贯彻实施。

（4）厨房管理过于经验化的问题

我国传统的厨师传帮带偏重经验和技术，较少进行管理理论方面的教育。而厨房承包者也多是凭自己的实践经验，带领徒弟从事厨房工作与管理，这就导致厨房外包管理大多还停滞在经验管理这一层次上，跟不上饮食行业的发展趋势。

3. 厨房外包管理风险的规避

针对上述问题，饮食企业在外包厨房时要有针对性地采取措施，以规避厨房外包管理风险。

（1）完善外包合同

1）制定科学合理的价格标准。企业要学习借鉴和总结经验，综合考虑市场环境、拥有餐位数、供应餐数和承包厨师的等级、名气等因素，制定厨房工资承包的分级标准，在此基础上与承包方商定浮动的承包工资额度，并将工资额度与企业效益挂钩。如果行业协会能够在这一方面牵头开展规范性工作，将有利于相关工作的开展。

2）明确责任与权益。企业要咨询法务部门，在合同中明确双方的责任与权益，减少合同纠纷的发生。

（2）明确管理权限，加强一体化管理

厨房工资承包不等于企业不管理厨房，而是企业对厨房管理中的具体业务（如技术操作、卫生管理、人员安排等）不过多插手，但对于餐厅、厨房一体化经营、统一管理等方面的问题绝不可放手。企业应明确饮食部门负责人（如饮食经理）的职责与权限，处理好与厨房承包人之间的等级、权责关系，加强对厨房的协调管理。

思考与练习

1. 厨房生产有哪些特点?

2. 影响厨房布局的因素有哪些?

3. 如何做好厨房生产的准备工作?

4. 什么是厨房管理?厨房管理的作用有哪些?

5. 常用的厨房人员激励方式有哪几种?如何调动厨房人员的工作积极性?

第六章 餐厅服务与管理

学习目标

1. 了解餐厅的种类与布局。
2. 了解餐厅常用的家具、用具与设备设施。
3. 熟悉餐厅服务的程序及要求。
4. 掌握餐厅管理的内容。

餐厅服务质量是顾客评价一家餐厅优劣的主要依据之一。餐厅是饮食企业提供饮食服务的场所，处于饮食经营的第一线。因此，餐厅管理水平直接影响饮食企业的声誉，关系饮食经营的成败。

第一节　餐厅种类与布局

餐厅是为顾客提供饮食及相关服务的公共就餐场所，是人们享用美食、宴请宾朋、进行聚会的场所，在饮食企业经营中处于重要地位。

一、餐厅的要素

饮食既是销售的过程，也是服务的过程，因此餐厅既是销售的场所，也是服务的场所。餐厅的设施、设备、服务是构成餐厅的基本条件。一般来说，餐厅必须具备下列三项要素：

1. 有一定的场所

餐厅要有具备一定接待能力的饮食设施和空间。例如，三星级及以上的饭店要具有与客房接待能力相适应的中餐厅、西餐厅、咖啡厅和宴会厅（或兼作会议室、展览厅的多功能宴会厅）。

2. 提供食品、饮料和服务

餐厅既要提供食品、饮料等实物产品，又要提供饮食服务，二者缺一不可。餐厅提供的食品及饮料既要保证质，也要保证量。

3. 以营利为目的

餐厅工作者应致力于节约成本，扩大客源，适应不断变化的竞争形势，使企业获得最佳经济效益。

二、餐厅的种类

1. 按经营方式分类

（1）传统餐厅

传统餐厅也称服务上桌的餐厅。传统餐厅通常可分为风味餐厅、海鲜餐厅等，还可分为高档餐厅和大众餐厅。由于传统服务是将菜点和酒水送上餐桌，所以只要一家餐厅的服务是上桌服务，它就通常被认为是传统餐厅。

（2）自助餐厅

自助餐厅是顾客先按人数付款，然后自己到餐台拿取所需食品的餐厅。这种餐厅常常根据顾客的用餐习惯将餐厅的菜点和酒水分为几个餐台陈列。大多数自助餐厅的餐桌上不摆台，顾客自己从餐台取餐具。

（3）快餐厅

快餐厅是销售有限品种且可以快速制熟的菜点，并且提供快速服务的餐厅。快餐厅的装饰常采用暖色调，个别也采用冷色调。快餐厅的布局应简明，菜点的价格应尽可能大众化。快餐厅包括中餐快餐厅、西餐快餐厅等类型。

2. 按经营品种分类

（1）中餐厅

中餐厅包括高档中餐厅和大众中餐厅。根据风味不同，中餐厅可分为广东风味中餐厅、潮州风味中餐厅、北京风味中餐厅、上海风味中餐厅、四川风味中餐厅、山东风味中餐厅、淮扬风味中餐厅等。风味中餐厅的特色通常通过菜单、服务、餐具、摆台及餐厅的装饰体现出来。

（2）西餐厅

西餐厅包括扒房（法国风味餐厅）、意大利风味餐厅、美国风味餐厅、俄国风味餐厅等，如图 6–1 所示。风味西餐厅的风格一般通过菜单的特色、服务的特色、餐具的特包、摆台的特色、餐厅的装饰、餐厅的文化和语言体现出来。

（3）咖啡厅

咖啡厅是销售各类大众化菜点和小吃的餐厅，图 6–2 所示为中式建筑风格的咖啡厅。在非用餐高峰时间，它还是销售咖啡、饮料供人们聚会和聊天的场所。咖啡厅的营业时间和销售品种常根据顾客的需求调整。许多咖啡厅从早上 6 点开始营业，至午夜 1 点停止营业，甚至 24 小时营业。有的咖啡厅也称咖啡花园，这是因为咖啡厅内的设计和布局像一个花园，里面有鲜花、草地、假山、人工瀑布等。一些咖啡厅的规模较小，但是装饰很雅致，因此也被称为咖啡室。

● 图 6-1　西餐厅

● 图 6-2　中式建筑风格的咖啡厅

（4）外域风味餐厅

外域风味餐厅如日本料理餐厅、韩国烧烤餐厅、清真菜餐厅等。

此外，餐厅还有其他多种分类方法。例如，按餐厅就餐环境不同，可分为花园餐厅、旋转餐厅、水上餐厅等。

三、餐厅的布局

1. 餐厅总体布局的一般要求

餐厅的布局是指在餐厅基本建筑体成形并装饰已完成的基础上，对于家具、用具的摆设及各种设备、设施的摆放。餐厅总体布局应满足以下一般要求：一是合理和方便，餐厅动线（即除顾客就座占用外的空间）应力求减少曲折之处，宽度要适当；二是高雅和舒适，餐厅陈设及布局能给人以轻松、雅致之感，如图 6-3 所示；三是特色鲜明，不同餐厅，不仅其建筑应有不同风格，其内部陈设也应有鲜明的特色。

● 图 6-3　高雅舒适的餐厅

2. 主要家具、设备、设施的布局

（1）餐桌和椅凳的布局

餐桌、椅凳的布局应依餐厅的形状及上述一般要求来确定。规则的长方形、正方形餐厅多以整齐的横竖排列为主，旋转餐厅的餐桌多安置于邻近靠窗位置，不规则的餐厅或大型餐厅既可分区布局也可依餐厅具体形状有意布置成某种几何形状。如果一个餐厅采用不同的餐桌排列形式，在整体上应多而不乱。如在同一餐厅采用菱形与平行混合排列的方式，则多为菱形餐桌居中，而平行餐桌沿墙排列。

餐桌一般有方桌、长桌、圆桌，一个餐厅可用同一形状餐桌，也可多种形状餐桌并用。如圆桌与方桌同用，则一般将圆桌置于餐厅中间，将方桌沿墙排列。同一餐厅使用不同规格的餐桌时，一般将最大的餐桌置于餐厅中间，将小的餐桌沿餐厅周边排列。

椅凳应按餐桌的形状和规格大小适当配置。方桌宜配置 4 把椅子，圆桌按每人约占 60 厘米桌面边长计算椅凳的配置数量，直径为 150 厘米的圆桌可配置 8 张靠椅。宽 60~65 厘米、长 72~85 厘米的长桌可配 2 张座椅，宽 75 厘米以上、长 130 厘米以上的长桌可按每人约占 65 厘米桌面边长配置椅凳。

餐桌间的动线宽度应以方便顾客与服务人员行走为原则。若 1 人行走，动线宽度以 90 厘米为宜；若 2 人行走，动线至少需 120 厘米宽。

（2）餐厅其他相关设备、设施的布局

餐厅主体部分的其他设备、设施可布局如下：迎宾台可设在餐厅门口的左边或右边；收银台可设在餐厅的出口处附近；酒橱及烟、酒、饮料等的销售台可单设，也可与收银台设在一处，如果是旋转餐厅，可设在餐厅的中间；接菜台一般设在上菜口的左右两边；备餐柜可在餐厅的靠边、靠柱、靠栏处设置，其数量可视餐厅的大小及总体布局的要求来确定。较大的餐厅及档次较高的餐厅多有屏风相隔。餐厅入口处可放置一较大座屏，在大厅承办酒席时可用活动屏风将几桌酒席围成一个单元，以便顾客进餐，也便于服务；包餐厅可设特定座屏，以增强特殊文化氛围。

四、餐厅的室内环境

餐厅的室内环境主要包括餐厅的采光、色调、通风与调温、音响、文化艺术装饰等内容，如图 6-4 所示。

● 图 6-4　某餐厅的室内环境

1. 餐厅的采光

大部分餐厅位于路旁或建筑物高层，白天主要依靠窗户或玻璃幕墙来采光。这种充分利用自然光线的餐厅使顾客一方面能享受到自然阳光的舒适，另一方面也能产生一种明亮宽敞的感觉，从而使顾客心情舒畅而乐于饮食。但是，实际上很少有餐厅只靠自然光照明，因为即便在白天餐厅也会因为天气的变化而得不到充足的自然光照明。此外，有些设立于建筑物中央的餐厅，不论白天还是晚上，都必须借助人工照明。

人工照明通常可分为两种形式。一是基本照明，主要使餐厅整体获得最低的照明度，以保证餐厅营业活动的正常开展。餐厅一般采用比较柔和的顶灯进行基本照明。二是艺术照明，如利用各种起装饰美化作用的吊灯、壁灯、聚光灯等照明。艺术照明可以使餐厅形成辉煌华美的室内装饰气氛。

2. 餐厅的色调

心理学研究表明，色调会影响人的情绪，而情绪影响人的食欲。因此，餐厅色调对餐厅室内环境起着非常重要的作用。餐厅的主体色调通常和饮食企业的主体色调统一或相互协调，并且按照餐厅主题形成自己的风格，具体表现在餐厅地毯的色彩、花纹图案以及墙壁、天花板的装潢材料色彩和布局上。其中，地毯或地板色、墙壁色、天花板色是餐厅的大块色，一经确定，长期不变。灯光色彩可以改变或强化餐厅原有的色调，而且易于变化。因此，要善于运用灯光来调整餐厅的色调，以适应不同季节、不同宴席、不同顾客的需要。

春季宜采用明快的色调，夏季宜以冷色调为主，秋季宜采用成熟强烈的色彩，冬季宜以暖色调为主。无论哪一种灯光与色调，都是为了充分发挥餐厅进餐的作用，以

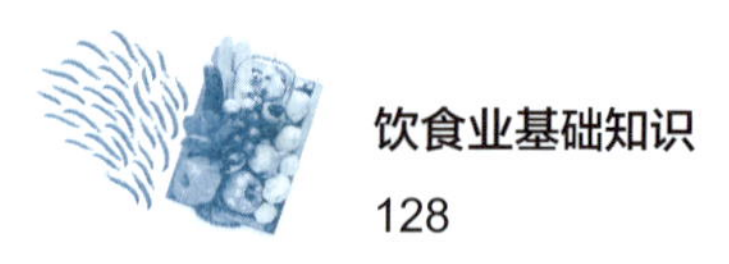

便更有利于招徕顾客。

3. 餐厅的通风与调温

餐厅要保持舒适的气温和清新的空气，就必须有良好的通风和调温设施。通风一般有自然通风和机械通风两种。自然通风主要通过门窗来实现，而机械通风主要依靠换气扇、抽风机、电扇来促使餐厅内外空气流通。

目前，许多餐厅为了达到冬暖夏凉的就餐环境，往往在餐厅内设有空调。应注意调节空调冷气或暖气的温度，冬季温度过高或夏季温度过低都会使顾客感到不适，且浪费电能。一般餐厅室内温度维持在 21~24 ℃为宜。

4. 餐厅的音响

声音对人的情绪也有影响，悦耳动听的声音可使人心情愉快，食欲大增。早在我国古代，人们就知道在宴席进行过程中奏乐助兴。现代化餐厅更应重视利用音响来烘托气氛。餐厅既可使用常规的现代音响设备，也可利用乐器和乐队营造气氛。一些高雅的餐厅在人们就餐时伴以钢琴演奏，有的餐厅在营业时播放轻松愉快的乐曲，有的餐厅则安排乐队演奏、歌手献艺或是顾客自娱自唱。饮食企业应根据餐厅的主题，选用一些能增进顾客就餐气氛的音响设备。

5. 餐厅的文化艺术装饰

餐厅室内的装饰品取材广泛，凡是来源于生活或自然的充满艺术生命的物品，都可作为餐厅的装饰品。装饰品既要符合餐厅的主题和整体风格，也要具有一定个性，并遵循一定的历史文化传统，尊重民族习俗、宗教信仰，兼顾客源类型及绝大多数人的艺术审美力。

（1）墙壁挂饰

墙壁挂饰（墙饰）的艺术感染力在于其能填补人的心理上的“空白”。常见的墙饰有国画、书法作品、西洋画、工艺挂毯、刺绣、竹木或金属浮雕、摄影作品及小件饰物等，如图 6–5 所示。这类饰品的选用和布置必须以餐厅的主题为依据，要突出饮食行业的特色和民族风格；接待外宾的餐厅，其墙饰内容要照顾外宾的风俗习惯和宗教信仰。餐厅内布置较多的墙饰时，其品种和内容应有穿插，不宜雷同。墙饰画的内容应根据季节的变化和宣传的需要适当更换。墙饰要大小得体，并与墙的面积、家具的大小和高低相适应。

（2）室内摆件

餐厅室内摆件的作用以观赏为主，它们恰到好处的点缀、分隔能营造一种较浓的文化氛围。室内摆件可分为雕塑作品，金、银、铜、珠宝、景泰蓝、陶瓷等材质的器皿，古玩，珍奇的天然饰物，现代工艺品，纪念品等。这些室内摆件因其不同的色彩、造型、风格、质地、历史意义和掌故而成为功能不同的装饰品。

图 6-5　餐厅的墙饰

（3）绿色装饰

餐厅绿色装饰一般以盆栽和插花为主。

盆栽包括盆花、盆草、盆景和盆树等。餐厅内配置的中小型盆栽宜放在桌面或高花架上，大型考究的盆栽还可配上红木落地花架。盆树最宜点缀大餐厅的四角和楼梯进出口等场地。

插花有三种风格。一是民族风格，这类插花要根据季节特点和节日习惯选定花的品种。二是西方风格，这类插花使用外国花材，以玫瑰最为重要。其中的圆形或椭圆形插花可供四面欣赏，用于餐桌最为适宜，所用盛器主要是西式花瓶、盆、花篮等，有的水果盘、炊具、餐具也可使用。三是中西混合式插花，不拘盛器，不拘花材，只要花的姿态优美，色彩艳丽协调，插花的点、线、面穿插自如、得体即可。

第二节　餐厅家具、用具与设备设施

餐厅的家具、用具与各类设备、设施是保证餐厅正常营业的必备之物。

一、餐厅家具

餐厅家具主要指餐桌、餐椅、工作台等。餐厅家具必须根据餐厅的经营特点和装潢格调进行选择。

1. 餐桌

餐厅所使用的餐桌基本以木质为主，形状主要有正方形、长方形和圆形。其中正方形餐桌用途较为广泛，可用于中式、西式餐厅。采用什么样的餐桌，一般由每个餐厅视自己的情况而定。中餐宴会常用圆桌，有些大型宴会的主桌常用长方桌；西餐宴会常用正方桌、长方桌、椭圆桌等，也可根据顾客的需要拼设异形台，如“一”字台、“U”字台、“T”字台、“工”字台等，异形餐桌是用长方桌、正方桌组合而成的。

2. 餐椅

餐厅的餐椅取决于室内装饰及经营方式的需要。餐厅可采用多种类型的椅子，也可以采用带弹簧的窗口凳，还可以将长条高靠背椅与小型的长方形餐桌相配套，组合成一些如火车座位一样相对独立的单元。

3. 工作台

工作台是服务员为顾客服务的基本设施，用于存放在服务中所需要的各种餐具、调味品、酒水以及菜单、餐巾等，是餐厅家具中最重要的组成部分。

每个餐厅所采用的工作台的大小和类型各不相同，但是其显著特征是一致的，即都有一个平顶，以便放置服务期间可能用到的最大的空托盘。平顶之下是一排放置公用刀叉匙和具有特殊用途的刀叉匙的抽屉。抽屉之下是两个或三个架子，放置其他必备的东西。此外，调味品往往放置在工作台的架子上。工作台应尽可能小型、灵便，有些工作台的四角下方装有脚轮，以便于在餐厅内移动。工作台一般有木质、铝合金质、不锈钢质三种，以不锈钢制品为最好。

4. 酒橱

餐厅一般要设置酒橱。酒橱式样很多，常见的有长条形酒橱、立式玻璃酒橱、壁柜式酒橱等多种。酒橱宜设在餐厅的醒目处，内放各种各样的酒水，以便顾客挑选。许多中小型餐厅往往将酒橱与结账台设置在一起，既方便顾客选购，又可节省人力。

5. 迎宾台、签到台、指示牌、致辞台

迎宾台通常设在餐厅门口一侧，其高度以迎宾员肘部到地面的距离为准。台面光滑、水平或略倾斜。台上摆放餐厅工作日记和客情资料、电话、插花等，迎宾台下部还可设有存放用品的抽屉。

签到台一般设在餐厅的入口处，在长方桌上铺设台布，围上桌裙，上面摆放插花、签到簿、笔等用品和有关活动的图文宣传资料。主办单位专门派人在此接待出席活动的顾客。

指示牌是餐厅承办的某些大型活动的告示和指南，通常用于大中型的宴请活动、大型会议等。指示牌的内容可以是宴会的名称、宴会厅的平面示意图、桌号、宾主的座次安排及入席路线等。

致辞台的形式与迎宾台相似，其朝外的一面镶有饭店的店徽，上面配备有插花、麦克风，放置于主席台或主宾席的一侧，用于宾主双方相互致辞。

6. 屏风、衣帽架（钩）

较大型的餐厅应配有一定数量的屏风，如图 6–6 所示。按摆放方式不同，屏风可分为折屏和座屏，屏面内容大都为反映历史文化的艺术作品。屏风可设在餐厅内的入口处，组成一道屏障，也可设在餐厅的后墙，作为一幅背景。中小型饭店宴会厅屏风的另一个作用是把顾客分成独立的单元，以避免相互干扰。经过精雕细琢、充满诗情画意的屏风也是餐厅室内布置与美化的一个重要组成部分。

一些餐厅在入口处设有衣帽架或衣帽钩，较高档的餐厅还设有衣帽间。

● 图 6-6　某大型餐厅的屏风

二、餐厅用具

1. 瓷器

这里的瓷器主要指瓷质餐具，如图 6-7 所示。瓷器的种类繁多，按材质不同可分为一般瓷器、强化瓷瓷器和骨瓷瓷器，按花色不同又可分为纯白瓷器、手绘瓷器、用花纹纸制成的釉里彩和釉上彩瓷器三种。色彩鲜艳的瓷器可以给顾客带来更好的视觉享受，但也要注意其釉彩的安全卫生问题。纯白色是瓷器色彩的主流。黑色、红色、黄色、绿色及调和色瓷器则体现了饮食文化的多元化潮流。

● 图 6-7　餐厅里精美的瓷器和玻璃器皿

有条件的饮食企业在定制瓷器时，可要求生产厂家在瓷器上烧制店记或店徽。

2. 玻璃器皿

餐厅里最常用的玻璃器皿是各种形状、用途的酒杯。此外，还有各类摆台和服务过程中使用的玻璃器皿，如沙拉盆、水果盆、菜盘、汤盘、花瓶、调味瓶、烟灰缸等。玻璃器皿的优点是价格便宜，缺点是使用不够广泛，而且容易刮花和碰碎。

3. 金属器具

金属器具种类繁多，使用较多的有银器和不锈钢器具。银器分纯银和镀银两种，以镀银器具为主。餐厅常见的银器有银质的餐刀、餐叉、羹匙、壶、筷、冰桶、烛台、盘托、碗托等。由于银器价格较高，故餐厅内常用不锈钢器具，常见的不锈钢器具有托盘、味具、盛具、调酒具及西餐用的刀、叉、匙等。

4. 布件

餐厅常见的布件有台布、装饰布、餐巾、台布垫、桌裙等。选用布件时必须考虑餐厅的类型及档次、顾客的类型、环境气氛及布件的耐用性等多方面因素。

二、餐厅设备及设施

1. 餐厅电器

电器不仅体现了餐厅的档次，而且降低了人工成本，提高了服务效率，使得饮食服务的诸多环节规范化、程序化、标准化程度更高。餐厅常见的电器有电冰箱（冰柜）、制冰机、空调系统、音响、卡拉 OK、吸尘器、微波炉、消毒柜等。餐厅工作人员要及时对电器进行维护保养，以确保电器正常使用，避免一些触电、火灾等事故的发生。

2. 餐厅附属设施

餐厅附属设施一般根据饮食企业现代化程度或等级设置。高档饭店的餐厅一般有备餐间、清洗间、工作间、综合仓库、更衣室、来宾衣物暂存处等附属设施。

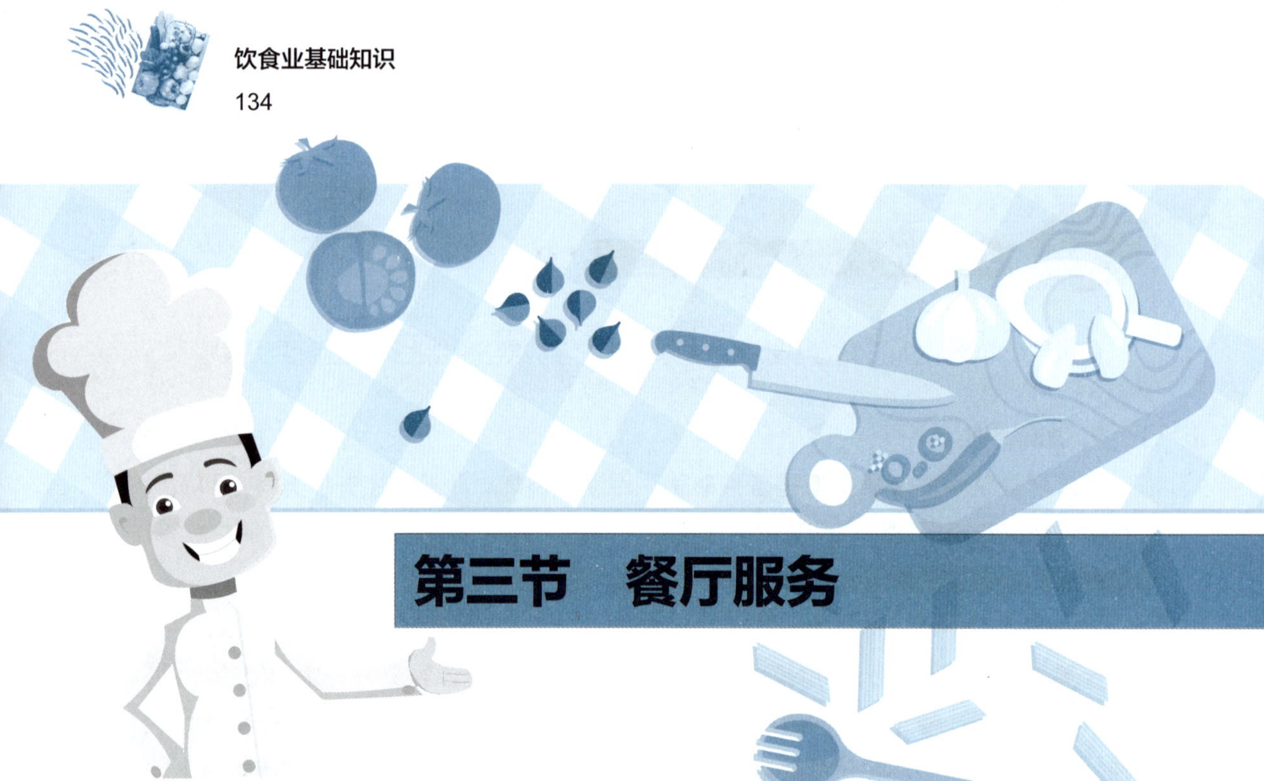

第三节　餐厅服务

顾客在餐厅用餐，不仅是为了满足果腹之欲，也是为了享受和社交。因此，餐厅既要提供精美的食品，又要提供舒适完善的服务，满足顾客的精神需求。不同顾客的心理需求往往有差异，餐厅服务人员要做好餐厅服务，除要具备熟练的服务技能外，还必须了解市场需求和顾客心理，并在服务的各个环节中融入情感、加强交流，扮演好服务角色。餐厅服务既是一门技术，同时也是一门艺术。

一、餐厅服务的特点

餐厅服务是一种特殊的商品，它既包含着许多具体的服务性劳动，如微笑迎宾、引座、介绍菜单、摆台、上菜、斟酒、派菜、上茶、结账、送客等，又具有极其丰富的精神内容，如微笑服务、规范服务、超常服务、个性服务等。餐厅服务主要有以下几个特点：

1. 无形性

餐厅服务不同于有形的商品，在购买前不能被看见、接触和感知，顾客只能通过消费和享受服务之后所得到的亲身感受来评价其好坏，企业也无法提前向顾客展示服务的成效。这种无形性使顾客在购买服务前无法确信自己的选择，从而影响消费。饮食企业要努力提高餐厅服务人员的服务水平，在顾客中树立口碑和品牌，减少这种无形性的不利影响。

餐厅服务要借助一些设备设施和技术条件，更需要亲切、和蔼、热心等无形的态度和情感。餐厅服务员对顾客要热情，招呼顾客要迅速，提供的服务要力求物有所值，提供服务的过程要“新颖”，这四点简称“暖、快、值、特”。

2. 一次性

一次就餐对应着一次服务，就餐结束后，餐厅服务自然终止。即使出现失误，也无法返工。因此，餐厅要重视每一次的服务，接待好每一位顾客，每一次都给顾客留下好的印象。

3. 直接性

餐厅服务是面对面的服务，顾客当面感受服务质量，检验服务好坏。这对餐厅的设施设备、工艺技术、人员素质及服务质量等提出了更高、更直接的要求。

4. 差异性

餐厅服务的差异性有两方面含义。第一，餐厅服务是由餐厅工作人员通过劳动来完成的，而由于每位工作人员年龄、性别、性格、素质和文化程度等方面存在不同，他们为顾客提供的服务也不尽相同。第二，同一服务员在不同的场合、时间，面对不同的顾客，其服务态度和服务方式也会有一定的差异。为了缩小这种差异，饮食企业要制定服务质量标准，经常对员工进行职业道德教育和业务培训，实现服务方式的规范化、服务质量的标准化、服务过程的程序化。

被誉为“现代饭店之父”的斯塔特勒曾说过，饭店出售的商品只有一个，那就是服务。能为顾客提供优质服务的饭店是成功的饭店，而为顾客提供劣质服务的饭店是失败的饭店。

二、餐厅服务人员岗位职责

餐厅服务人员是指在餐厅直接接待顾客并为顾客服务的工作人员。根据餐厅各岗位业务不同，餐厅服务人员一般可分为门厅应接、领台、看台、跑菜员、账务员、酒水员、清洗员等。

1. 门厅应接

门厅应接又称迎宾。该岗位设在餐厅大门口，一般由 1~2 人担任。其任务是负责向进出餐厅的顾客招呼致意，把顾客介绍给领台。如果餐厅门口设有衣帽间，还要帮助顾客存取衣帽。

2. 领台

领台一般由班组长及水平较高的服务员担任，负责引领顾客入座、递送菜单、送上饮料、介绍菜点、点菜、结账等工作。领台必须把上述工作衔接起来。

3. 看台

看台掌握餐厅全面情况。由于餐厅多采用分区域包干制，看台往往掌握所包干区域的餐厅工作开展情况。看台的职责是负责台面及台料、铺台、调换烟灰缸、添加餐具、清洁桌面及撤台等工作。

4. 跑菜员

跑菜员也称传菜员。跑菜员要准备上菜的用具和配料，接受点菜单并与厨房联系，上菜，协助撤盘碟等。

5. 账务员

账务员负责记账、结账、收款，结算每天的账目。

6. 酒水员

酒水员负责领取、保管、准备、调配和供应酒水饮料。

7. 清洗员

清洗员负责开餐期间餐具的清洗、清洁、整理和消毒。

餐厅可根据各自的具体情况，灵活配备上述人员。中小型餐厅一般只配备服务员、账务员和清洗员。服务员负责包干数个餐桌，完成门厅应接、领台、跑菜和看台等服务工作。

三、餐厅服务程序

餐厅在接待服务工作中，要使各项服务都符合行业惯例或明文规定的标准，也即实现餐厅服务程序规范化。通过规范服务操作程序，企业可以使餐厅服务工作保持稳定的质量。当然，在实际工作中，常常会出现一些意想不到的情况，因此，应允许服务人员根据服务的实际情况在一定范围内予以变通，使规范化与灵活化相结合，提供优质服务。

由于国家、地区、民族、文化、风俗习惯不同，世界上存在许多风格迥异的餐厅服务形式。从我国饮食业的实际出发，本节着重介绍中西餐厅散客服务和宴会服务等基本形式的餐厅服务程序。

1. 中餐散客服务

散客服务又称零点服务，是餐厅和饭店最基本的服务形式。中餐散客服务的一般程序如下：

（1）热情迎客

当顾客由领台引领进入餐厅，有关区域的服务员应主动上前向顾客问好，根据顾客意愿及当时餐厅具体情况安排顾客入座，并根据顾客人数及时调整餐具数量。

（2）上茶递巾

服务员从顾客右边递送香巾，替顾客斟茶倒水。

（3）接受点菜

服务员从顾客右边递上菜单，接受顾客点菜。服务员应了解当天的特选菜点和时令菜点，并根据顾客特点进行适当的推销。

（4）开单下厨

服务员按规定依类正确填写点菜单。点完菜后，应重复顾客所点的菜品，让顾客确认，以免有误。点菜单应一式三份，一份送结账台，一份送厨房，一份自留。如顾客有特殊要求，应及时向厨师长说明。

（5）酒水服务

当顾客点完菜后，服务员应尽快递上酒水单，请顾客点酒水。服务员要正确记录下顾客所点的酒水和饮料，经结账台划价后，持点酒单到存酒处取酒，并为顾客开瓶斟酒。

（6）上菜服务

上菜必须按照中餐进餐次序及时进行。服务员要主动向顾客介绍菜点，并视情况主动替顾客派菜。菜上齐后，应告知顾客，并询问顾客有无其他要求。

（7）巡台服务

服务员要照顾好就餐顾客，及时满足他们的各种需要；主动更换骨碟、烟灰缸，添加饮料、米饭，检查菜点是否上齐；及时撤去空盘、空饮料瓶。

（8）结账

顾客示意结账时，服务员应尽快递上账单，并按规范进行结账服务。

（9）礼貌送客

顾客离座时，服务员应替顾客拉椅，道谢，欢迎其再次光临。

（10）餐后收尾工作

顾客离开后，服务员应马上整理餐桌，重新铺台，以便接待下一批顾客。

2. 中餐宴会服务

中餐宴会服务可分为宴会前的组织准备、宴会前迎宾服务、宴会就餐服务和宴会结束工作四个基本环节。

（1）宴会前的组织准备

服务员应掌握宴会顾客的有关情况，进行明确分工；根据宴会特点对宴会厅加以

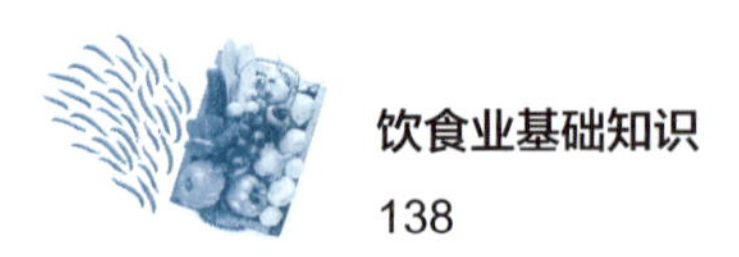

布置；熟悉菜单和主要菜点的风味特色；按宴会规格和摆台要求进行宴会摆台，并根据宴会通知单要求备好酒水、香烟、茶叶、小毛巾等物品；大型宴会在开宴前 15 分钟左右摆放冷菜。

（2）宴会前迎宾服务

顾客到达时，服务员要热情迎接，微笑问好，然后将顾客引入休息室就座休息，并主动提供衣帽存放服务和茶水服务。服务员也可根据宴会的具体要求，直接将顾客引到宴席就座。

（3）宴会就餐服务

顾客入座后，服务员要帮助顾客放餐巾、松筷套，为顾客进行斟酒服务，按照宴会服务规范进行上菜、分菜，并主动提供相应的席间服务，如更换骨碟、烟灰缸，递送香巾等。

（4）宴会结束工作

按规定办理结账手续后，服务员要拉椅送客，清理台面，完成餐后收尾工作。

3. 西餐散客服务和宴会服务

西餐服务源于欧洲贵族家庭，经过多年演变，各国各地区的服务方式及摆台方法都不尽相同。常见的服务方式有法式服务、俄式服务、美式服务、英式服务、大陆式服务、自助餐服务等。

西餐散客服务的一般程序是：迎宾领座→鸡尾酒、餐前小吃服务→递送菜单、接受点菜→递送酒单、接受点酒→按照西餐进餐次序进行相应的上菜服务→结账付款、礼貌送客等。

西餐进餐次序是：开胃菜→汤类→沙拉→主菜→水果与乳酪→甜点→餐后饮料。

西餐宴会服务有四个基本环节。一是宴会前准备工作，包括布置宴会场所、摆设餐桌、准备工作台等工作；二是餐前鸡尾酒服务，即在宴会开始前半小时或 15 分钟左右，在宴会厅门口为先到的顾客提供鸡尾酒会式的酒水服务；三是席面服务，即按照西餐进餐次序提供相应的就餐服务；四是宴会结束工作，主要有结账服务、送客、收尾工作等。

四、餐厅接待服务的要求与艺术

1. 餐厅接待服务的要求

餐厅接待服务水平是衡量饮食企业服务质量的首要因素。餐厅服务人员必须树立全心全意为顾客服务的思想，主动热情地为顾客服务，具体要做到以下四个方面：

（1）有良好的服务态度

对服务员服务态度的基本要求是主动、热情、耐心、周到、文明、礼貌，使顾客高兴而来，满意而去。

（2）努力熟悉业务知识

为了做好接待服务工作，服务员应懂得顾客心理、民俗方言、服务规程、烹饪知识、卫生知识、物价知识及其他有关知识。服务员应熟悉本饭店的类型和经营范围，了解饭店的主要服务对象、服务方式，以便按照不同的要求做好接待服务工作；要熟悉顾客就餐的一般规律，以便安排好工作，调节忙闲，提高劳动效率；要熟悉餐厅菜点的花色品种、质量、价格及原材料的来源，便于向顾客宣传和介绍，为顾客当好参谋；要熟悉一般烹调知识，便于向顾客介绍菜点的风味特色，解答顾客提出的问题。

（3）掌握服务技能与技巧

服务员的服务技能与服务技巧是其服务水平的基本保证和重要标志。如果服务员没有过硬的基本功，服务技能水平不高，即使服务态度再好、微笑再甜美，也无法令顾客满意。服务员要掌握的基本功一般包括摆台、端菜、行走、算账、撤台、托盘、上菜、斟酒和餐巾折花等。

（4）严格遵守服务纪律

遵守服务纪律的主要内容有：不迟到、早退，不擅离职守；工作时间着装整洁，不袒胸露背，不赤脚，不聊天、打闹和做私事、私活；在服务过程中不吸烟、吃东西；不与顾客顶嘴吵架；不买自己出售的商品；不带领亲友进入工作场所；不接受顾客的馈赠；不挪用商品、货款、票、券等。各企业可以根据各自的特点和习惯制定出符合自己实际情况的服务守则，以保证服务质量。

2. 餐厅接待服务的艺术

（1）研究顾客心理

顾客的职业、收入、年龄、生活习惯和爱好不同，对菜点的品种、质量、价格和就餐时间的要求也各有不同。因此，服务员在日常工作中要细致观察，分析各类顾客对就餐的要求，认真总结经验，摸索出服务规律，更周到地为顾客服务。

分析顾客心理时常用的方法是看、听、问。看，就是服务员看顾客的年龄、性别、态度、举止、情绪，从而分析和判断顾客的一般爱好和需求。听，就是从服务员与顾客打招呼的情况，或顾客与顾客之间的交谈中了解有关信息，做到按照顾客的意愿主动提供服务。问，就是服务员直接询问顾客的需求和征求顾客对服务工作的意见。

（2）讲究语言的艺术

语言艺术就是讲话的技巧。服务员在服务过程中要注意使用文明语言，接待顾客时用“您”“请”等尊敬语，要有“三声”，即招呼声、问答声、送别声；要掌握说话的语气和声调，力求快慢适度、轻重恰当，使顾客听得清楚，有亲切感，留下好的印象；要注意说话时的姿态和表情，实行微笑服务，用柔和的语言、优雅的姿态和微笑的表情来接待顾客，使顾客感到心情舒畅。

餐厅服务员掌握推销的语言技巧，可以更好地引导顾客进行消费。例如，当顾客咨询婚宴菜单上还应配什么菜时，服务员可以采用语言的“加法”技巧，说：“这桌宴席上只有凤没有龙，如果加上一只龙虾就龙凤呈祥了。”又如，当顾客咨询寿宴菜单时，服务员可以说：“这桌寿宴中如果再加上一只甲鱼就增加了寿字的意义。”此外，还可以根据场合采用语言的“减法”技巧。例如，北京某餐厅的服务员对来旅游的外地顾客说：“不到长城非好汉，不吃烤鸭真遗憾，到北京不吃烤鸭真的是一种遗憾。”

（3）正确处理好接待服务中的问题

在餐厅接待服务过程中，经常会发生一些问题，出现一些突发情况，正确、妥善地处理好这些问题，也是体现服务艺术的一个重要方面。在顾客就餐过程中，可能发生的问题一般有醉酒、吵架、打架、退菜、换菜、损坏餐具或用具、遗失物品以及发生疾病等，餐厅服务人员应根据具体情况予以恰当处理。

第四节　餐厅管理

餐厅管理是饮食企业管理的重要组成部分。饮食企业及餐厅管理者要研究餐厅经营特点，探索其运行规律，进行科学管理，这对饮食企业的生存和发展具有十分重要的意义。

一、餐厅管理的内容

餐厅管理就是人们根据一定的规则和程序，运用科学的方法，对餐厅人力、物力和财力进行有效计划、组织、指挥、监督和调节，以期实现餐厅经营目标的过程。餐厅管理的主体是餐厅的一切管理者，其客体是人、财、物等资源。餐厅管理的直接目的是在动态中实现餐厅各种有效资源的最佳配置，以促使餐厅经营活动高效率开展，从而实现餐厅经营目标。餐厅管理的内容主要包括以下几点：

1. 餐厅服务人员的管理

餐厅对服务人员的管理主要包括：确定餐厅内部每一部门和岗位所需的员工人数；按所需人员素质标准挑选员工，将合适的员工分配到合适的岗位；对员工进行培训，检查、考核员工的工作状况，评估员工的工作业绩；与员工沟通信息，协调员工间关系，管理员工工资；确定对员工的奖惩、晋升、续聘或辞退等。

2. 餐厅财产物资的管理

餐厅财产物资的管理即根据餐厅经营需要，有计划地组织、调配以及维护、控制一切相关财产物资的活动过程。餐厅财产物资管理既包括对财产物资实物的管理，也包括对其价值的管理，其具体内容主要是餐厅设备及其他物资的采购、保管、配置、控制、安全管理、维护、更新等。

3. 餐厅营运过程的管理

餐厅营运过程管理的具体内容包括营运过程的设计、要素配置、督导实施、适当调节、效果检验等。从餐厅营运过程的角度看，餐厅营运过程管理的内容除了上述对员工和财产物资的管理外，还包括对经营形式的选择以及对餐厅产品创新、产品质量、产品价格、促销方式、公共关系等诸方面的管理。

二、餐厅服务质量管理

1. 餐厅服务质量的特性

餐厅服务质量的特性是由其内容决定的。正确认识这些特性，是做好餐厅服务质量管理、提高服务质量的必要条件。

（1）构成的综合性

餐厅服务质量的内容由餐厅的设备设施质量、菜点质量、劳务质量、安全状况和环境气氛五个方面构成。设施设备质量、菜点质量、安全状况是服务质量的基础，环境气氛是补充，劳务质量既是最终的表现形式，也是服务质量的最后体现。各构成要素相辅相成，缺一不可。

（2）评价的一次性

服务质量评价是顾客对每一次不同内容的服务过程的评价。餐厅服务具有一次性，顾客对服务质量的评价也是一次性的。

（3）内容的关联性

餐厅服务涉及许多相互关联的环节，例如，原材料质量和饮食产品质量相关联，饮食产品质量和烹调技术水平相关联，饮食产品销售与餐厅环境以及服务员的服务态度和技巧相关联。其中每个环节的完成质量都关系到整个餐厅的服务质量。因此，必须实行全过程、全方位的餐厅服务质量管理，使各环节、各岗位之间互相衔接和协调，切实提高服务质量。

（4）对员工素质的依赖性

餐厅服务质量主要取决于服务人员的服务态度和服务技术水平。服务员要面对面向顾客提供服务，因此其仪容仪表、精神状态、礼貌素养以及服务的技术技巧，都会对顾客给予餐厅服务质量的评价产生直接的影响。所以，餐厅服务质量依赖于服务人员的素质。餐厅加强服务质量管理的关键是对员工进行培训，提高员工的整体素质。

（5）主客双方感情的融洽性

如果顾客所接受的服务是优质的，他们就会在满意和舒适的气氛中产生一种亲切感、轻松感，从而对餐厅留下美好的印象和记忆；反之，如果服务是劣质的，他们在压抑的气氛中就会对餐厅产生意见，留下不好的印象甚至给予批评。因此，餐厅服务人员要注重主客双方感情的融洽，通过优质的服务把自己对顾客的美好感情传递给顾客。

2. 餐厅服务质量管理的实施

餐厅服务质量管理是餐厅为了在既有条件下最大限度地满足顾客进餐及相关需求，不断提高服务质量所进行的一系列活动。优质的餐厅服务是以一流的餐厅管理为基础的，而餐厅服务质量管理是餐厅管理体系的重要组成部分，它是做好餐厅管理的重要内容。实施餐厅服务质量管理，要注意以下几点：

（1）树立现代服务质量意识

餐厅服务质量管理的主要目的是使全体员工牢固树立现代服务质量意识，树立“顾客至上、服务第一”的思想，懂得服务质量是餐厅的生命线，自觉提高服务质量。

（2）建立服务质量管理规则和制度体系

餐厅要有健全的提高服务质量的管理规程、制度体系，内容主要包括员工守则、餐厅岗位职责、员工工作程序、服务操作规程、服务质量标准、服务质量检验标准、服务事故处罚标准、餐厅卫生标准、餐厅安全标准以及餐厅员工培训、晋升等方面的规定和程序。

（3）努力提高服务人员素质

餐厅要加强对员工的培训，提高员工的道德素质、文化素质、技术素质等综合素质，使餐厅服务质量整体得以提高。

（4）加强质量监督和检查

加强质量监督和检查是服务质量管理的重要环节。餐厅管理者要做到发现问题及时解决，认真处理每一件关于质量问题的投诉，提倡服务人员自我检查。

（5）加强餐厅日常服务质量管理

餐厅日常服务质量管理可采用“PDCA 循环工作法”。“PDCA 循环工作法”是指通过计划（plan）、落实（do）、检查（check）和总结（action）四个阶段完成工作并不断循环的工作方法。“PDCA”循环转动的过程，就是服务质量管理开展和完善的过程。

3. 餐厅服务质量的现场控制

餐厅管理人员要根据情况监督现场正在进行的饮食服务，使其规范化、程序化，并能够迅速妥善地处理意外事件。这是前厅经理和主管的主要职责之一，也是餐厅经理管理工作的重要内容。

（1）服务程序的控制

开餐期间，前厅经理和主管应始终在第一线，亲自观察、判断、监督，指挥服务员按标准服务程序服务，如果发现偏差就要及时纠正。

（2）上菜时机的控制

服务员要掌握首次斟酒、上菜的时机，要询问顾客，尊重顾客的意见；在开餐过程中，要把握顾客用餐的时间、菜点的烹制时间等，做到恰到好处，既不要让顾客等待太久，也不应将所有菜点在同一时间全部上齐。餐厅主管应时常注意并提醒服务员掌握好上菜时间，尤其是大型宴会，上菜的时机应由餐厅主管掌握。

（3）意外事件的控制

饮食服务是面对面的直接服务，一旦有顾客投诉，主管一定要迅速采取弥补措施，以防止事态扩大，影响其他顾客的用餐情绪。如果是由服务态度引起的投诉，主管应立即向顾客道歉。如果发现有喝醉酒的顾客，应告诫服务员停止添加酒精性饮料。对已经醉酒的顾客，要设法帮助其尽早离开，以免破坏餐厅的气氛。

（4）人力的控制

开餐期间，服务员实行分区看台负责制，在固定区域服务。服务员人数的安排要根据餐厅的性质、档次来确定。一般中等服务标准的餐厅，可按照每个服务员每小时能接待 20 名散客的工作量来安排服务区域。一般来说，档次越高的餐厅，服务水准要求越高，服务力量的配备就要越强。一些豪华包间甚至需要配备两三个服务员，顶级的餐厅服务还可能是一个服务员服务一位顾客。

在餐厅经营过程中，主管还应根据情况变化进行再分工。例如，如果餐厅某个区域的顾客突然来得很多，就应从其他区域抽调服务员支援，等情况正常后再将他们调回原服务区域。当用餐高峰期过去后，应让一部分服务人员下班休息，到了一定的时间再替换，以提高工作效率。这种方法对于营业时间长的火锅店、茶馆和咖啡厅等特别有必要。

思考与练习

1. 简述餐厅的种类和餐厅室内环境的主要内容。
2. 简述餐厅接待服务的要求。
3. 什么是餐厅管理？餐厅管理的内容是什么？
4. 餐厅服务质量包括哪些内容？如何做好餐厅的服务质量管理？

第七章 饮食成本核算与控制

学习目标

1. 了解饮食成本核算的意义。
2. 掌握饮食产品成本核算与饮食产品价格核算的一般知识和方法，能正确核算饮食产品成本和销售价格。
3. 掌握控制饮食企业成本的一般方法。

饮食成本核算与控制是饮食企业经营的重要内容。饮食成本核算的准确性直接影响企业的成本预测、计划、分析、考核和改进等工作，同时也对企业成本决策和经营决策的正确性产生重大影响。饮食成本核算主要包括饮食产品成本核算与饮食产品价格核算。在准确核算成本的基础上，还要合理控制饮食企业成本，提高企业竞争力。

第一节　饮食成本核算的概念与意义

广义的饮食成本是指饮食企业从事饮食生产或经营时企业发生的费用和支出的总和。饮食企业在生产或经营过程中的各项费用和支出，如原材料消耗、劳动报酬、燃料及动力消耗、固定资产折旧、家具用具的损耗等，就是饮食企业的成本。

一、饮食成本核算的概念

饮食成本核算是指针对饮食企业用于制作饮食产品和提供消费服务过程中的各种费用和支出的总和进行的核算。根据业务性质不同，饮食成本可分为生产成本、销售成本和服务成本三种。但是，由于饮食业的经营特点是生产、销售、服务统一在一个企业里实现，除原材料成本外，其他如员工工资、水电费、燃料费、管理费用等，很难分清具体用在哪个环节，难以分别核算，所以，在核算饮食成本时，习惯上只以原材料（包括主料、配料、调料）作为成本要素，而不包括生产过程中的其他费用。原材料以外的其他各种费用均另列项目，记入饮食业的经营管理成本中。

知识链接

原材料成本包括饮食产品的主料、配料、调料的成本和这些原材料的合理损耗。在加工制作过程中包裹菜点的用料，视同配料列入成本。企业在外地采购原材料的运输费用以及外单位仓库储藏原材料的保管费用也应列入成本。

二、饮食成本核算的意义

1. 合理制定饮食产品销售价格

饮食产品的销售价格是以产品成本为依据并按一定的毛利率计算出来的，饮食成本核算的正确性直接影响销售价格的准确性。因此，要制定合理的饮食产品销售价格，就必须进行准确的成本核算。

2. 确保饮食企业合理盈利

如果饮食成本核算不准，将影响饮食企业经营成果，使企业盈利减少，甚至会造成不应有的损失。因此，企业必须正确把好饮食成本核算这道关。

3. 促进企业改善经营管理

成本核算是企业经营管理的重要内容之一。通过成本核算，企业可以查找实际成本与菜单标准成本之间发生差异的原因。例如，原材料是否充分利用，是否按规定的标准投料。企业要通过分析找出成本变化的原因并提出改进意见，促使有关部门改善经营管理，采取相应的措施努力降低成本，减少损耗，从而提高企业的经济效益。

第二节　饮食产品成本核算

饮食产品成本核算是饮食成本核算的主要环节，精确计算饮食产品的成本，可以促使企业加强成本管理，降低运营成本，同时，成本核算也是制定饮食产品销售价格的基础。如果饮食产品的成本不准确，其销售价格就难以合理，其结果不是影响饮食企业的经济效益，就是损害消费者的利益。因此，准确核算饮食产品成本是非常重要的。

一、主料、配料的成本核算

主料、配料是构成饮食产品的主体。要核算产品成本，必须首先从核算主料、配料成本开始。

饮食产品的主料、配料一般要经过拣洗、宰杀、拆卸、涨发、初熟等加工处理之后，才能用来制成成品。没有经过加工处理的原材料称为毛料，经过加工可用来制作成品的原材料称为净料。净料是制作饮食产品的直接原材料，其成本直接构成产品的成本。所以，在计算饮食产品成本之前，应先算出所用的各种净料的成本。净料成本的高低直接决定着产品成本的高低。

影响净料成本的因素主要有两类：一是原材料的进货价格、质量和加工处理前的损耗程度；二是净料率（也称利用率），即加工处理后的净料重量和毛料重量的比值。净料率越高，即从一定数量的毛料中取得的净料越多，成本就越低；反之，净料率越低，即从一定数量的毛料中取得的净料越少，成本就越高。

1. 净料率

初加工过程中，在净料处理技术水平和原材料质量相同的情况下，原材料的净料重量和毛料重量之间构成一定的比例关系。净料率就是净料重量与毛料重量的比值，其计算公式如下：

$$净料率 = \frac{净料重量}{毛料重量} \times 100\%$$

净料率以百分数表示，饮食业也习惯用“× 折”或“× 成”来表示。

【例 7-1】某饭店购进公鸡 1 只，重 2.5 千克。经宰杀、去毛、除肠肚、清洗等处理后，得净鸡 1.7 千克。求这只公鸡的净料率。

解：净料率 =1.7÷2.5×100%=68%

答：该公鸡的净料率为 68%，即每千克毛公鸡可得净鸡肉 0.68 千克。

与净料率相对应的是损耗率，也就是毛料在加工处理中所损耗的重量与毛料重量的比值，即：

$$损耗率 = \frac{损耗重量}{毛料重量} \times 100\%$$

利用净料率可直接根据毛料的重量计算出净料的重量，也可根据净料的重量计算出毛料的重量。计算公式分别如下：

$$净料重量 = 毛料重量 \times 净料率$$

$$毛料重量 = 净料重量 \div 净料率$$

【例 7-2】某饭店制作“红烧鱼块”8 份，每份耗净鱼块 350 克，其净料率为 80%。该饭店需要采购鲜鱼多少千克？

解：毛料重量 =8×0.35÷80%=3.5（千克）

答：需要采购鲜鱼 3.5 千克。

此外，凡是没有可作价的下脚料、废料的原材料品种，还可以利用净料率，直接由毛料单位成本计算出净料单位成本，这就大大方便了各种主料、配料成本的计算。其计算公式是：

$$净料单位成本 = 毛料单位成本 \div 净料率$$

【例 7-3】鲜竹笋单价为 12 元 / 千克，剥壳、切除老根后切成片，无可作价的下脚料和废料。若其净料率为 30%，则其净笋片单位成本应为多少元？

解：净料单位成本 =12÷30%=40（元 / 千克）

答： 净笋片单位成本应为 40 元 / 千克。

一般情况下，部分原材料的净料率见表 7-1。

表 7-1　　部分原材料净料率

毛料品种	净料处理项目	净料		下脚料、废料、损耗等占毛料比重（%）
		品名	净料率（%）	
鲜竹笋	剥壳、除老根	净竹笋	31~37	63~69
带骨腿肉	拆卸分档	汤骨	8.6	1
		肉皮	6.3	
		精肉	51	
		碎肉	9.3	
		肥膘	23.8	
猪腰	去筋、血水、腰臊	净腰	75	25
鲤鱼、鲢鱼	宰杀，去鳞、鳃、内脏	净全鱼	80	20
活母鸡（1.75~2.25 千克）	宰杀分档	净鸡	70	13
		鸡肫	7	
		鸡肝、鸡心	3	
		鸡油	2.5	
		鸡肠	2	
		鸡脚	2.5	
香菇	拣洗、泡发	水发香菇	200~300	—

2. 主料、配料的净料成本核算

原材料最初购进时多是毛料，经过清理、拆卸等加工处理后，重量都发生了变化，有的损耗，有的增加（如部分干货），因而其单位成本也发生了变化，所以必须进行净料成本的核算。饮食业中对净料成本一般以千克为单位进行计算，所以净料成本都是单位成本。具体计算方法有一料一档和一料多档两种，此外也可利用成本系数来计算净料单价及其成本。

（1）一料一档的计算方法（分两种情况）

1）毛料经过初加工后，只有一种净料，而没有可以作价利用的下脚料和废料。其计算公式如下：

$$净料单位成本 = \frac{毛料总值}{净料重量}$$

【例 7-4】大葱 26 千克，价款共 54 元。经过去老皮、去根、清洗，得净葱 18 千克。求净葱的单位成本。

解：净葱单位成本 =54 ÷ 18=3（元 / 千克）

答：净葱的单位成本是 3 元 / 千克。

2）毛料经过处理后得到一种净料，同时又有可以作价利用的下脚料、废料等。其计算公式如下：

$$净料单位成本=\frac{毛料总值-（下脚料价值+废料价值）}{净料重量}$$

【例 7-5】带骨腿肉 8 千克，每千克 20 元。经分档加工，得肉皮 0.5 千克，每千克作价 12 元；骨头 1.5 千克，每千克作价 6 元；出净肉 6 千克。求净肉的单位成本。

解：净肉单位成本 =［8×20−（0.5×12+1.5×6）］÷6 ≈ 24.17（元 / 千克）

答：净肉的单位成本约为 24.17 元 / 千克。

（2）一料多档的计算方法

如果毛料经过加工处理后得到一种以上的净料，则应分别计算每一种净料的成本。质量好的，成本应当高些；质量差的，成本应当低些。其计算方法有以下三种：

1）如果所有净料的单位成本都是以往没有计算过的，则可根据这些净料的质量逐一确定它们的单位成本，而使各档成本之和等于进货总值。用公式表示为：

净料 1 总值 + 净料 2 总值 +…+ 净料 n 总值 = 一料多档的总值（进货总值）

2）如果在所有净料中，有些净料的单位成本是已知的，有些是未知的，则可先把已知的那部分的总成本计算出来，从毛料的进货总值中扣除，然后根据未知的净料质量，逐一确定其单位成本。

【例 7-6】某厨房领到出骨夹心 50 千克，其进货单价为 20 元 / 千克，经拆卸分档处理得到肉皮 5.5 千克、精肉 29 千克、小排 7 千克、肥膘 8 千克，损耗 0.5 千克。现已知肉皮单价为 12 元 / 千克，肥膘单价为 11 元 / 千克。求精肉和小排的单位成本。

对此问题，可先将肉皮、肥膘的成本总额计算出来，从出骨夹心进货总值中扣除这部分价款，在扣除后的总值范围内（50×20−5.5×12−8×11=846 元），依据原材料的质量，逐一确定精肉和小排的单位成本。同时，一定要保持各档成本之和等于进货总值。

3）如果只有一种净料的单位成本需要计算，其他净料成本都是已知的，则可先把这些已知成本的净料的总成本算出来，从毛料的进货总值中扣除后，再确定其单位成本。其计算公式如下：

$$某种净料单位成本=\frac{毛料总值-（其他各档净料价值总和+下脚料和废料价值）}{某种净料重量}$$

【例 7-7】母鸡一只重 2.5 千克，进价 14 元 / 千克，经过宰杀、清洗得光鸡 1.75 千克。某厨房准备分档取肉使用，其中鸡脯占 15%，鸡腿占 30%，鸡翅占 20%，鸡骨架、鸡头、鸡爪和内脏等下脚料占 35%。已知鸡腿的单价为 28 元 / 千克，鸡翅的单价为 26 元 / 千克，鸡骨架、鸡头、鸡爪、内脏等下脚料的单价为 8 元 / 千克。求鸡脯的单位成本。

解：鸡脯的单位成本 =［2.5 × 14−（1.75 × 30% × 28+1.75 × 20% × 26+1.75 × 35% × 8）］÷（1.75 × 15%）=24（元 / 千克）

答：鸡脯的单位成本为 24 元 / 千克。

（3）生料、半制品、熟品的成本计算方法

净料根据其拆卸加工的方法和处理程度不同，可分为生料、半制品和熟品（成品）三类，其单位成本的计算方法基本相同，但略有差别。计算公式分别如下：

$$生料单位成本=\frac{毛料总值-下脚料总值-废料总值}{生料重量}$$

$$无味半制品单位成本=\frac{毛料总值-下脚料总值-废料总值}{无味半制品重量}$$

$$调味半制品单位成本=\frac{毛料总值-下脚料总值-废料总值+调味品成本}{调味半制品重量}$$

$$熟品单位成本=\frac{毛料总值-下脚料总值-废料总值+调味品成本}{熟品重量}$$

生料单位成本计算方法与净料单位成本的计算方法是一致的。

【例 7-8】某饭店购买干肉皮 2 千克（单价 15 元 / 千克），经油发，涨发成 6 千克（干肉皮油炸后用水浸泡，故重量增加），在油发过程中耗油 400 克（单价 10 元 / 千克）。求油发肉皮的单位成本。

解：油发肉皮单位成本 =（2 × 15−0+0.4 × 10）÷ 6 ≈ 5.67（元 / 千克）

答：油发肉皮的单位成本约为 5.67 元 / 千克。

（4）成本系数的应用

成本系数是某种原材料经加工处理或半制、成熟处理后，所得净料的单位成本与

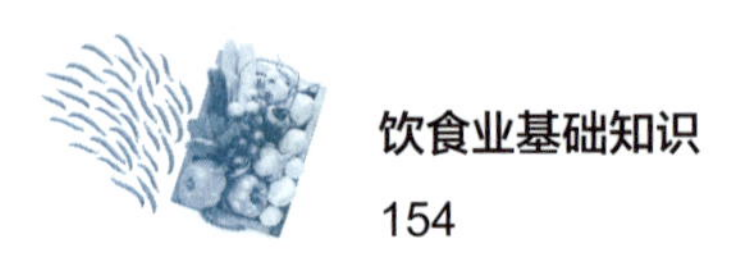

毛料的单位成本之比。成本系数主要用来解决某些主料、配料因市场价格上涨或下降而引起净料单价及其成本变动的问题，以便及时、准确地计算出净料的新单价及新成本，迅速地调整菜点的售价。其计算公式为：

$$成本系数=\frac{净料单位成本}{毛料单位成本}$$

【例 7-9】某饭店三月份购进草鱼 50 千克，进价为 16 元 / 千克，经加工处理后，得到净鱼 40 千克，其余为废料（不能利用）。如果四月份草鱼的进价上涨至 20 元 / 千克，那么这两个月的草鱼净料单位成本各是多少？

解：计算该原材料涨价后的净料单位成本时，以毛料新进价乘以成本系数便可算得。

三月份草鱼的净料单位成本 =50×16÷40=20（元 / 千克）

净鱼的成本系数为 20÷16 =1.25

四月份草鱼的净料单位成本 = 毛料新进价 × 成本系数 =20×1.25=25（元 / 千克）

答：三月份草鱼的净料单位成本为 20 元 / 千克，四月份为 25 元 / 千克。

二、调味品的成本核算

尽管某些菜点中调味品用量很少，成本所占比重也不高，但一家饮食企业日常耗用的各种调味品的总用量和总成本仍然不小，尤其是盐、糖、味精、胡椒粉等，在原材料总成本中多占有相当比例。在某些特殊菜点里，调味品的用量非常多，其成本甚至超过主料、配料成本。

1. 调味品成本核算的特点

调味品种类繁多，通常用量较少，而且使用时不可能像主料、配料那样事先按质定量称好，而是在短时间内随取随用，这就给调味品成本核算带来一定困难。因此，单位饮食产品的调味品成本通常是在对有代表性的饮食产品进行试验和测算的基础上估算的平均值。

在实际操作中，调味品成本往往会因厨师技术水平的不同而有所出入。所以，调味品成本在饮食产品成本中是一个极不稳定的因素。这就要求每一位厨师精通业务，提高烹调技术，准确掌握各种产品的调味品标准用量，熟悉各种调味品的规格、质量和价格，并能根据各种调味品在容器中所占的大小掌握其实际用量。

2. 单一调味品和复合调味品的成本计算

由一种物质构成且只具有一种味道的调味品，如盐、味精、酱油、醋、糖等，称为单一调味品，其进价即为其成本。把某些单一调味品按比例混合后加工制作成的具有多种味道的调味品称为复合调味品，如糖醋汁、花椒盐、辣椒油等。这种调味品一般来说都是企业根据自身特色风味而自行配制的，其单位成本计算公式为：

$$复合调味品单位成本=\frac{各种调味品成本之和}{复合调味品重量}$$

【例 7-10】某厨房自制花椒盐 2 千克，共使用花椒 0.8 千克（单价 25 元 / 千克）、盐 1.2 千克（单价 2 元 / 千克）。求花椒盐的单位成本。

解：各种调味品成本之和 =0.8 × 25+1.2 × 2=22.4（元）

花椒盐的单位成本 =22.4 ÷ 2=11.2（元 / 千克）

答：花椒盐的单位成本为 11.2 元 / 千克。

3. 调味品用量的估算方法

调味品用量的估算方法大致有三种，即容器估量法、体积估量法和规格比照法。

（1）容器估量法

容器估量法是在已知某种容器容量的前提下，根据调味品在容器中的容量估计出其重量，再按其进价计算出成本的方法。此方法主要适用于液体调味品，如料酒、酱油等。

（2）体积估量法

体积估量法是在已知某种调味品一定体积下的重量的前提下，根据其现有体积直接估计其重量，然后按其进价计算出成本的方法。此方法主要适用于粉状或晶体状调味品，如糖、盐、味精等。

（3）规格比照法

规格比照法是对照烹调方法相同、用料（指主料、配料）质量相仿的某些传统菜点的调味品用量，确定新菜点调味品用量的方法。此方法简便易行，但如对传统菜点的调味品用量掌握不够精确，就容易产生误差。所以，不断提高烹调技术，准确掌握不同规格的传统菜点的调味品用量，是运用这一方法的基础。

4. 调味品成本核算的方法

饮食产品的生产加工基本上可分为单件生产和成批生产两类。单件生产以各类热菜为主，成批生产以卤制品和各种主食、点心为主。生产类型不同，调味品的核算方法也不同。

（1）单件成本核算法

这里的单件成本指单件生产的产品的调味品成本。各种单件生产的热菜类的调味品成本都属于这一类。核算这一类产品的调味品成本，先要把各种需要的调味品的用量估算出来，然后按其进价分别算出其成本，再逐一相加，即得单件产品的调味品成

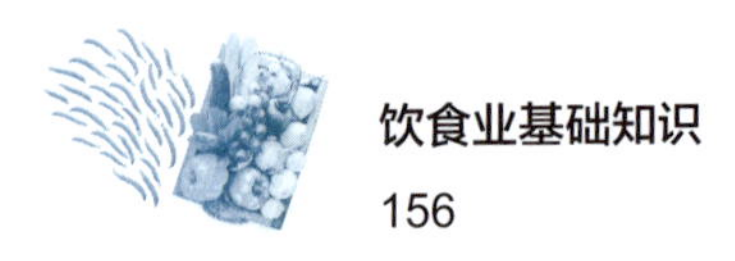

本。其计算公式如下：

单件产品调味品成本 = 耗用的调味品 1 成本 + 调味品 2 成本 +…+ 调味品 n 成本

（2）平均成本核算法

这里的平均成本指成批生产产品（如点心类制品、卤制品等）的单位调味品成本。在这种情况下，调味品的使用量一般较多，应尽可能过秤，以求成本核算准确，保证产品质量稳定。其计算公式如下：

$$\text{成批生产产品的单位调味品成本} = \frac{\text{成批生产耗用调味品总值}}{\text{产品总量}}$$

【例 7-11】某饭店卤制鹌鹑蛋 300 个，经估算或实称，所使用的各种调味品的数量和成本如下：

猪油 150 克（单价 8.8 元 / 千克），成本为 1.32 元。

酱油 1.25 千克（单价 1.6 元 / 千克），成本为 2 元。

白糖 200 克（单价 3.8 元 / 千克），成本为 0.76 元。

黄酒 175 克（单价 2.4 元 / 千克），成本为 0.42 元。

姜、葱、大料、盐等，成本为 0.9 元。

求每盘卤鹌鹑蛋（30 个 / 盘）的调味品成本。

解：每盘 30 个卤鹌鹑蛋的调味品成本 =（1.32+2+0.76+0.42+0.9）÷（300 ÷ 30）=0.54（元）

答：每盘卤鹌鹑蛋的调味品成本是 0.54 元。

三、饮食产品的成本核算

1. 饮食产品成本核算的方法

饮食产品的成本是它所耗用的各种原材料的成本之和。因此，若求某一产品的成本，只要将其耗用的各种原材料成本逐一相加即为该产品的成本。由于饮食产品的生产加工大致可分为成批生产和单件生产两种类型，所以饮食产品成本的核算方法也相应地分为两种。

（1）先总后分法

先总后分法适用于成批生产产品的成本核算。成批生产的产品，各个单位产品的用料规格和质量一样，因此，单位产品的成本相等。求单位产品成本时，一般是先求出每一批产品的总成本，然后根据该批产品的数量，求出单位产品的平均成本。计算公式如下：

$$单位产品的平均成本=\frac{本批产品所耗用的原材料总成本}{产品总量}$$

其中，本批产品所耗用的原材料总成本等于本批产品所耗用的主料成本、配料成本、调味品成本之和。

（2）先分后总法

先分后总法适用于单件产品的成本核算，一般多用于菜点成本的核算。计算过程是：先求出单位产品所耗用的各种原材料成本，然后将其逐一相加，即为该单位产品的成本。计算公式如下：

单位产品成本＝单位产品所用主料成本＋单位产品所用配料成本＋单位产品所用调味品成本

由于单件生产的菜点，其品种、规格不同，要求各异，所需原材料的规格、质量和用量也不相同，所以求单位产品成本时，就必须采用先分后总的计算方法。

2. 批量生产的主食、点心的成本核算

主食、点心除少数品种外，大都是批量生产的，如米饭、馒头、包子、油条、烧卖等，因此可按前面所讲的先总后分的方法计算其成本。

【例 7-12】每 40 只麻球的用料是糯米粉 500 克（单价 6 元 / 千克）、白糖 100 克（单价 4 元 / 千克）、细豆沙 400 克（单价 5 元 / 千克）、白芝麻 100 克（单价 30 元 / 千克），色拉油约耗 200 克（单价 10 元 / 千克）。求每只麻球的成本。

解：由于麻球是批量生产的，所以，它的成本适宜用先总后分法进行核算。

单只麻球的成本＝（$0.5\times6+0.1\times4+0.4\times5+0.1\times30+0.2\times10$）$\div40=0.26$（元）

答：每只麻球的成本是 0.26 元。

3. 单件生产菜点的成本核算

菜点一般可分为热菜和冷菜两大类。无论哪一类，除“珍珠丸子”和各类卤制品等少数品种外，绝大部分菜点都是单件生产的，因此其成本可按前面所讲的先分后总法进行计算。

【例 7-13】1 盘“爆里脊花”耗用的原材料为：里脊肉 250 克（单价 20 元 / 千克），色拉油 60 克（单价 10 元 / 千克），蒜泥、料酒、盐、味精、淀粉等调味品适量（成本共 0.8 元）。求每盘“爆里脊花”的成本。

解：由于该菜点是单件生产的，故运用先分后总法进行核算。

每盘“爆里脊花”的成本＝$0.25\times20+0.06\times10+0.8=6.4$（元）

答：每盘“爆里脊花”的成本为 6.4 元。

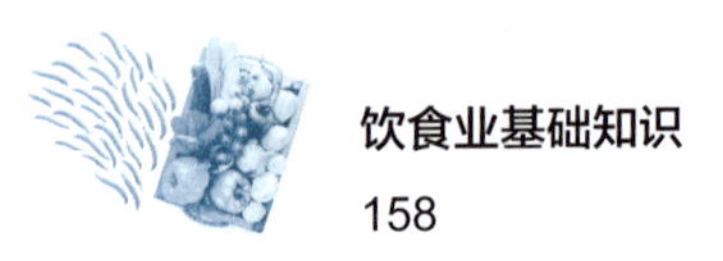

四、宴席成本核算

宴席是由冷菜、热菜、主食、点心等各种菜点按一定规格组成的，宴席是一组系列化菜点。在掌握了主食、点心和菜肴的成本核算方法以后，只要将组成宴席的各种菜点成本相加，其总值即为宴席成本。此外，在实际经营中，宴席往往是由顾客预定的，这就要根据预定的标准，先核算宴席的成本总值，再按各种组合菜点占宴席成本总值的比重，核算出各种菜点成本。

1. 中餐宴席成本核算

根据组成宴席的各种菜点的成本计算宴席成本可参考例 7–14。

【例 7-14】某餐厅的普通宴席一桌（酒水另计）共四冷菜、四热炒、五大菜、二点心、一甜汤。计耗成本如下：

四冷菜："白切鸡"（8.2 元）、"凉拌香肠"（5.2 元）、"凉拌松花蛋"（1.8 元）、"凉拌黄瓜"（1 元）。

四热炒："芙蓉鱼片"（12 元）、"爆腰花"（13.2 元）、"宫保鸡丁"（6.8 元）、"松炸虾球"（16 元）。

五大菜："清蒸鳜鱼"（26 元）、"海参鹌鹑蛋"（36.2 元）、"富贵鸡"（22 元）、"八宝酿鲜鱿"（26.8 元）、"三丝烩蛇羹"（21 元）。

二点心："鲜肉小笼包"（2.5 元）、"萝卜丝饼"（6.5 元）。

一甜汤："银耳果羹"（7.8 元）。

求该宴席每桌成本。

解：每桌宴席成本 = 菜点 1 成本 + 菜点 2 成本 +…+ 菜点 n 成本 =8.2+5.2+1.8+1+12+13.2+6.8+16+26+36.2+22+26.8+21+2.5+6.5+7.8=213（元）

答：该宴席每桌成本为 213 元。

根据顾客预定的宴席标准（指宴席销售单价）计算宴席成本和各类菜点成本时，可根据宴席档次和售价，按照规定的成本率计算宴席的成本。计算公式如下：

$$宴席成本 = 宴席售价 \times 成本率$$

注：$成本率 = \dfrac{成本}{售价} \times 100\%$

【例 7-15】某顾客预定中档宴席一桌，售价 880 元（酒水另计）。求该宴席的每桌成本和组成宴席的各类菜点的成本。

解：第一步，根据成本率计算宴席成本。

如规定中档宴席的成本率为 55%，则：

宴席成本 =880×55%=484（元）

第二步，根据宴席成本总值和该等级宴席各类菜点成本所占比重，计算出各类菜点成本（本例中的宴席成本结构分类比重见表 7–2）。

表 7–2　　某中餐宴席成本结构比重表

类别	每桌售价（元）	成本率（%）	成本总值（元）	分类菜点成本比重							
				冷菜		热炒		大菜		点心、水果	
				成本（元）	比例（%）	成本（元）	比例（%）	成本（元）	比例（%）	成本（元）	比例（%）
普通宴席	500	60	300	30	10	60	20	180	60	30	10
中档宴席	800	55	440	52.8	12	88	20	242	55	57.2	13
高档宴席	1500	50	750	112.5	15	150	20	375	50	112.5	15
特等宴席	3000	45	1350	202.5	15	270	20	675	50	202.5	15

按表中所列数据进行计算：

冷菜成本 =484×12%=58.08（元）

热炒成本 =484×20%=96.8（元）

大菜成本 =484×55%=266.2（元）

点心等成本 =484×13%=62.92（元）

答：该宴席每桌成本应为 484 元，其中冷菜成本为 58.08 元，热炒成本为 96.8 元，大菜成本为 266.2 元，点心等成本为 62.92 元。

在实际业务工作中，还应在分类菜点成本的基础上，按各类菜点所应有的件数，进一步核定各种菜点的成本。

2. 西餐宴会成本核算

西餐有冷餐会、酒会、宴会等多种形式。西餐宴会成本的核算方法与中餐宴席成本的核算方法基本相同，只是其等级标准不是按每桌的费用来划分，而是按参加宴会的每人费用来划分。另外，由于中外饮食习惯不同，所以宴席的菜点结构类别也不尽相同，成本构成比重也有较大差异。

一般西餐宴会的菜点可分为面包、黄油、小吃、冷菜、汤菜、热菜、点心、水果、饮料等。菜点的成本结构一般为：面包与小吃约占 10%，冷菜占 15%，汤菜、热菜

占 60%，点心、水果、饮料等占 15% 左右。

【例 7-16】某公司举办西餐酒会，每人收费 180 元，预定 50 人参加。求该酒会成本。

解：先根据每人收费标准和参加人数计算销售额，再按规定的成本率核定酒会的成本额。如上例酒会的成本率规定为 40%，则：

酒会成本 =180 × 50 × 40%=3600（元）

答：该酒会成本为 3600 元。

第三节　饮食产品价格核算

合理确定饮食产品价格是饮食企业进行成本核算的主要环节和直接目的。

一、饮食产品价格的构成

饮食产品的销售价格由产品成本、生产经营费用、税金及利润四部分构成。用公式表示为：

饮食产品销售价格 = 产品成本 + 生产经营费用 + 税金 + 利润

产品成本是指该产品所耗用的原材料成本，包括主料成本、配料成本及调味品成本。

生产经营费用包括经营中的各项开支，如燃料费、水电费、运输费、折旧费、修理费、家具用具摊销费、办公费、职工工资奖金等。

税金是根据国家税法规定的税率计算的。

利润指营业收入扣除产品成本、生产经营费用和税金以后的余额，是反映企业经营成果好坏的指标。

根据饮食业的经营特点，加工制作产品的生产经营费用一般很难按每一种产品来计算。为了解决这一问题，可以把生产经营费用、税金及利润合并，称为毛利。则上述公式可简写为：

饮食产品销售价格 = 产品成本 + 毛利

用字母表示，即：

$$P=C+M$$

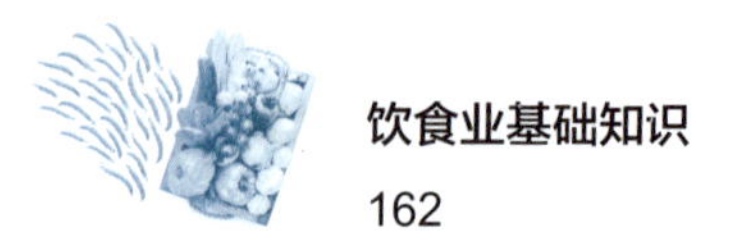

式中　P——饮食产品销售价格；

C——产品成本（即耗用原材料成本）；

M——饮食产品的毛利。

毛利的作用一方面是补偿企业费用的支出，另一方面是为国家和企业合理积累资金。

在实际计算饮食产品的销售价格时，由于生产经营费用难以直接求出，导致毛利无法确定，所以不能直接使用上述公式进行计算。然而，饮食产品成本与价格之间、毛利与价格之间存在一定的比例关系，在产品成本确定的情况下，利用毛利与价格或毛利与成本之间的比例关系可以解决销售价格的计算问题。

二、饮食产品毛利率的确定

1. 毛利率的概念

饮食产品的销售价格由产品成本和毛利两部分构成，毛利的大小会影响销售价格的变化。毛利与销售价格之间存在一定的比例关系，同样毛利与产品成本之间也存在一定的比例关系，这种比例关系就是通常所讲的毛利率。毛利率可分为两种。一种是销售毛利率，它是产品毛利与产品销售价格的比值，也称内扣毛利率或简称为毛利率。其计算公式如下：

$$\text{销售毛利率} = \frac{\text{产品毛利}}{\text{产品销售价格}} \times 100\%$$

另一种是成本毛利率，它是产品毛利与产品成本的比值，也称外加毛利率或加成率。其计算公式如下：

$$\text{成本毛利率} = \frac{\text{产品毛利}}{\text{产品成本}} \times 100\%$$

2. 饮食产品毛利率的确定方法

毛利率是毛利与成本或销售价格的比值。它不但在一定程度上反映着产品的利润水平，还直接决定着产品的价格水平和企业的盈亏，并关系着消费者的利益。当产品成本一定时，毛利率越高，价格越高，企业利润也就越高；反之，毛利率越低，价格也越低，企业利润也就相对减少。

要合理地确定饮食产品的销售价格，除了必须精确地核算产品成本外，还必须正确地确定各个产品的毛利率。确定各个产品的具体毛利率时，必须根据本企业的实际情况，充分考虑以下几个方面的因素：

用料精致、货源较稀缺、加工制作过程复杂的菜点，毛利率要高些；原材料质量一般、货源充足的日常大众化菜点，毛利率可适当低些。

单位成本低、销售量不大而工作量却不小的菜点，毛利率应适当高些；单位成本高的菜点，毛利率可略降低一些。

宴席和富有特色的名菜、名点的毛利率要比一般菜点的毛利率高些。

时鲜节令菜点的毛利率可适当高些，非节令菜点的毛利率可低些。

技术力量强、设备设施好、服务项目全面、档次较高的饭店餐厅，毛利率要比一般饭店餐厅高。

此外，在实际运用中，饮食业毛利率通常又可分为两种：一种是综合毛利率，它是指某一地区或某一等级的饮食企业的平均毛利率，是按一个地区或一个饮食企业在一定时期内的销售总额和毛利总额来计算的；另一种是分类毛利率，它是指某一地区或某一等级饮食企业的各类饮食产品的毛利率，是按饮食产品的不同类型（如主食类、点心类、普通菜肴类、中档菜肴类、高档菜肴类等）分别核定的。

综合毛利率是检验企业经营状况好坏的综合指标之一，其计算公式如下：

$$\text{综合毛利率}=\frac{\text{毛利总额}}{\text{销售总额}}\times 100\%$$

注：毛利总额 = 销售总额 – 产品成本总额

三、饮食产品价格的计算

在计算出产品的成本和确定了产品的毛利率后，就可以计算出产品的销售价格。由于毛利率有销售毛利率和成本毛利率两种，所以计算产品销售价格的方法也就有销售毛利率法（内扣法）和成本毛利率法（外加法）两种。

1. 销售毛利率法（内扣法）

销售毛利率法是根据饮食产品成本和销售毛利率来计算产品销售价格的一种定价方法。

设 C 表示产品成本，R_p 表示销售毛利率，P 表示销售价格，M 表示毛利，则销售价格的计算公式如下：

$$P=\frac{C}{1-R_p}$$

即：

$$\text{饮食产品销售价格}=\frac{\text{产品成本}}{1-\text{销售毛利率}}$$

【例 7-17】一盘“青椒里脊丝”的用料规格是：里脊肉 250 克（单价 16 元 / 千克），青椒 50 克（单价 6 元 / 千克），蛋清（成本共 0.2 元），色拉油 50 克（单价 10 元 / 千克），盐、味精、料酒、淀粉等调味品少许（成本共 0.5 元）。若销售毛利率为 45%，求这盘“青椒里脊丝”的售价。

解： 第一步，计算产品成本。

产品成本 =0.25×16+0.05×6+0.2+0.05×10+0.5=5.5（元）

第二步，计算销售价格。将第一步计算出来的成本及已知的销售毛利率代入上述公式可得：

销售价格 =5.5÷（1−45%）=10（元）

答： 这盘“青椒里脊丝”的售价为 10 元。

用销售毛利率法计算饮食产品的销售价格，毛利在销售额中的比重一目了然，有利于财务核算管理，因此该方法被饮食企业普遍采用。此外，使用销售毛利率法，还可以计算出产品成本。产品成本的计算公式如下：

$$C=P(1-R_p)$$

【例 7-18】一盘“爆腰花”的销售价格是 28 元，销售毛利率为 45%，求这盘“爆腰花”的成本。

解： 将数值代入上述公式，得：

产品成本 =28×（1−45%）=15.4（元）

答： 这盘“爆腰花”的成本为 15.4 元。

【例 7-19】某饭店制作宴席 10 桌，每桌售价 1 000 元，销售毛利率为 55%，求其成本。

解： 宴席成本 = 宴席销售额 ×（1− 销售毛利率）=1 000×10×（1−55%）=4 500（元）

答： 宴席成本为 4 500 元。

2. 成本毛利率法（外加法）

成本毛利率法是根据饮食产品的成本和成本毛利率来计算产品销售价格的定价方法。

设 C 表示产品成本，R_c 表示成本毛利率，P 表示销售价格，M 表示毛利，则销售价格的计算公式如下：

$$P=C(1+R_c)$$

即：

饮食产品销售价格 = 产品成本 ×（1+ 成本毛利率）

这一方法在饮食业又称为外加法。

【**例 7-20**】一盘“生炒仔鸡”的用料规格是：去骨鸡腿肉 200 克（成本计 3.2 元），净鲜笋 100 克（鲜竹笋进价为 12.6 元 / 千克，净料率为 35%），色拉油 50 克（单价 10 元 / 千克），盐、味精、料酒、酱油、白糖等调味品少许（成本共 0.6 元）。若成本毛利率为 90%，求这盘菜的售价。

解：第一步，计算产品成本。

产品成本 =3.2+0.1×12.6÷35%+0.05×10+0.6=7.9（元）

第二步，计算销售价格。将数值代入上述公式，得：

销售价格 =7.9×（1+90%）=15.01（元）

答：这盘菜的售价为 15.01 元。

用成本毛利率法计算销售价格，简单明了，易于掌握，一般来说，厨房工作人员多用此法。但在财务核算中，这种方法不易反映产品销售总额中毛利所占的比重，不便于分析财务成果，所以，饮食企业财务人员一般不采用此法。成本毛利率法不仅可以用来计算售价，而且可以用来计算产品的成本。其计算公式如下：

$$C=\frac{P}{1+R_c}$$

【**例 7-21**】某一盘菜的售价是 18 元，若成本毛利率为 80%，求这盘菜的成本。

解：将数值代入上述公式，得：

产品成本 =18÷（1+80%）=10（元）

答：这盘菜的成本为 10 元。

3. 销售毛利率与成本毛利率的换算

销售毛利率法和成本毛利率法这两种计算方法实际上各有其优缺点。在实际的成本核算和成本管理工作中，两种计算方法都各有所用。为了便于计算销售价格，可以把销售毛利率换算成成本毛利率，也可以把成本毛利率换算成销售毛利率。其换算公式为：

$$R_c=\frac{R_p}{1-R_p}\quad 即：成本毛利率=\frac{销售毛利率}{1-销售毛利率}$$

$$R_p=\frac{R_c}{1+R_c}\quad 即：销售毛利率=\frac{成本毛利率}{1+成本毛利率}$$

式中　R_p——销售毛利率；

R_c——成本毛利率。

【例 7-22】已知某菜点的销售毛利率为 55%，求它的成本毛利率。

解： 成本毛利率 =55%÷（1−55%）≈ 122.22%

答： 该菜点的成本毛利率约为 122.22%。

【例 7-23】某饭店“油泡鱼青丸”的成本毛利率为 80%，求其销售毛利率。

解： 销售毛利率 =80%÷（1+80%）≈ 44.44%

答： 该菜点的销售毛利率约为 44.44%。

表 7-3 所示为销售毛利率和成本毛利率换算对照表。

表 7-3　　销售毛利率和成本毛利率换算对照表　　%

销售毛利率	成本毛利率	销售毛利率	成本毛利率
30	42.86	47	88.68
31	44.93	48	92.31
32	47.06	49	96.08
33	49.25	50	100.00
34	51.52	51	104.08
35	53.85	52	108.33
36	56.25	53	112.77
37	58.73	54	117.39
38	61.29	55	122.22
39	63.93	56	127.27
40	66.67	57	132.56
41	69.49	58	138.10
42	72.41	59	143.90
43	75.44	60	150.00
44	78.57	65	185.71
45	81.82	70	233.33
46	85.19	75	300.00

第四节　饮食企业成本控制

成本核算是成本控制的基础，由于饮食产品的成本要素仅限于生产原材料和燃料，其他要素均列入生产经营费用，所以，要想减少饮食成本，提高企业的经济效益，首先要在生产的各个环节加强原材料成本及燃料成本的控制，同时采取各种有效措施降低生产经营费用。

一、抓好采购进货

采购进货是饮食产品生产过程中的第一个环节，也是成本控制的第一个环节。由于饮食产品原材料种类繁多，季节性强，品质差异较大，而进货质量又直接与原材料的净料率有关，所以，采购进货对于饮食产品的成本有很重要的影响，必须按照一定的采购要求进行科学采购进货。具体要求已在第三章中详细论述，此处不再重复。

二、加强储藏保管

储藏保管是饮食产品成本控制的一个重要环节，如果储藏保管不当，会引起原材料的变质或丢失损坏等，从而造成成本的增加和利润的减少，因此，必须认真做好原材料的储藏保管工作。

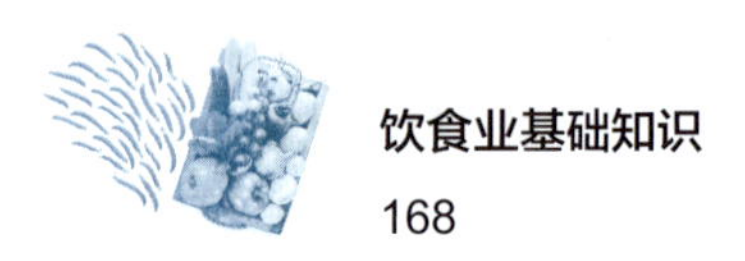

三、提高操作水平，控制原材料成本

1. 提高加工技术，做好原材料的综合利用

在初加工过程中，应严格按照规定的操作程序和要求进行加工，达到并保持应有的净料率。对初加工过程中剔除的部分（如肉骨头等）应尽量回收利用，提高原材料的利用率，做到物尽其用，以便降低原材料成本。

在切配过程中，应根据原材料的实际情况，整料整用，大料大用，小料小用，下脚料综合利用，并严格按照事先确定的规格、质量配菜，既不能多配或少配，也不能以次充好。对分量较多的主料应逐一过秤，不能单凭经验随手抓，而要力求保证菜点的规格与质量。

2. 提高烹调技术，保证菜点质量

在烹调过程中，应严格按照产品相应的调味品用量标准进行投放，这不仅能使产品的成本精确，更重要的是也能保证产品的规格、质量的稳定；要提倡一锅一菜，专菜专做；要严格按照操作规程进行操作，掌握好烹制时间和火候，提高烹调技术，合理投料，力求不出或少出废品，把好质量关；应节约燃料的使用，以便有效降低燃料成本的支出。

四、降低经营管理费用

饮食企业的饮食成本除原材料成本之外，还包括各种经营管理费用，因此，企业要控制饮食成本，提高经济效益，还必须严格控制各种经营管理费用。饮食企业经营管理费用具体包括水电费、燃料费、包装费、保管费、物料消耗、运杂费、工资、福利费、修理费、折旧费、家具用具摊销费、零星购置费、保险费及其他费用等。凡是为饮食企业业务经营所必需的耗费均列入费用范围；凡是与业务经营无直接关系，或不是经营过程中正常发生的开支，都不能列入费用范围。饮食企业要降低经营管理费用或相对降低费用水平，主要应采取以下措施：

1. 扩大营业额

饮食企业的销售虽然与产品的原材料成本没有直接的联系，但与企业的总成本费用密切相关。饮食企业只有通过生产销售活动，不断扩大营业额，才能加速资金周转。同时，随着营业额的扩大，运杂费、物料消耗、手续费、水电费等可变费用一般会有所增加，但并不随着营业额的扩大而等比例地增加，而固定费用如工资、折旧费、福利费、修理费等一般不变动或变动很少，因而扩大营业额就可以相对降低费用水平。

2. 提高劳动效率

企业劳动效率直接影响职工的工资水平。如果其他条件不变而职工工资增加，费用水平必然上升。但是，提高劳动效率并使劳动效率增长速度超过平均工资增长速度，就可以降低费用水平。提高劳动效率还可以使饮食企业充分利用工作场地，提高设备利用率，因而，有关设备方面的一些费用开支如折旧费、租赁费等，就可以随着劳动效率的提高而相对降低。

3. 减少重点项目的费用开支

从饮食企业费用构成来看，工资、水电费、管理费等占的比重较大。因此，节约费用开支，应当抓住这些重点项目，采取有效措施。

（1）抓水电费的节约

注意节约水电，从点滴做起，其意义不仅在于降低生产经营费用，而且可以为社会节约能源。

（2）加强对设备、设施的维修和保养，降低有关费用支出

加强维修保养工作，管好用好各种设备和设施，一方面可提高设备设施的利用效率；另一方面可延长设备设施使用寿命，降低设备设施费用支出。例如，平时要注意保养维护各种设备设施等固定资产，使设备设施经常处于良好的状态，减少修理费用，避免因设备设施运转不正常而导致的产品质量下降和因设备设施故障造成的停工损失。

（3）严格控制物料消耗，压缩管理费用

饮食部门的营业用具，如瓷器、金属器皿、玻璃器皿、布件、清洁剂、小型的加工工具等，种类繁多，使用分散，单价不高，但容易丢失，日常耗用量大，难以管理。管好用好营业用具，对堵塞管理漏洞、减少费用支出、增加企业效益也有重要的作用。

此外，各项管理费用在整个生产经营费用中占有相当比重，而且内容较多，节约的潜力也很大。饮食企业必须在保证经营正常开展的前提下，处处精打细算，严格遵守费用开支标准和审批手续，明确各项用品的使用定额，建立领用制度，使相关的节约工作经常化、制度化。

思考与练习

1. 简述饮食企业成本核算的概念和意义。

2. 计算饮食产品成本有哪两种方法？它们各适用于什么产品？

3. 什么是净料率？决定净料率的因素是什么？

4. 饮食企业如何降低经营管理费用或相对降低费用水平？

5. 一盘“榨菜肉丝”需里脊肉 250 克（单价 18 元 / 千克），净榨菜丝 100 克（已知榨菜进价为 2.2 元 / 千克，净料率为 80%），盐、味精等调味品适量（成本为 0.5 元）。求该盘“榨菜肉丝”的成本。若销售毛利率为 45%，则其售价应为多少元？

第八章

饮食企业市场营销

学习目标

1. 了解饮食企业市场调研的内容。
2. 了解饮食企业市场分析和目标市场选择的原则和方法。
3. 熟悉饮食企业常用的市场营销策略。
4. 掌握饮食企业店址选择与整体设计的方法。

饮食企业开展市场营销的前提是选择目标市场，找准自己在市场中的定位，明确营销对象。而要准确选择目标市场，就需要开展市场调研，充分了解市场状况，并在此基础上正确地分析市场状况。

第一节　饮食企业市场调研与目标市场选择

在制定饮食企业的营销策略时，为了能寻找市场机会和预见营销中的问题，营销管理人员必须搜集全面而可靠的信息，以供决策之用。这些信息就是通过市场调研与分析取得的。

一、饮食企业市场调研

狭义的市场调研是指了解和研究顾客购买产品的欲望和动机，以及顾客对产品的意见和要求的活动；广义的市场调研是指运用科学的方法和手段，有目的、有计划地收集、整理和分析产品的供求情况，以及与市场销售有关的各种资料，为企业进行预测和决策提供科学依据的活动。市场调研的内容十分广泛，凡是对饮食企业生产经营活动有影响的因素，都是市场调研的对象。一般饮食企业市场调研的内容主要有以下几个方面：

1. 市场环境调研

市场环境大致可分为直接环境和间接环境两大类。对饮食企业直接环境的调研主要包括对饮食市场竞争者、目标顾客、原材料供应者、饮食业营销中介的调研。对饮食企业间接环境的调研主要包括对周边人口数量、目标顾客经济状况、饮食市场政策法规及社会文化等环境因素的调研。

2. 市场需求调研

影响饮食业市场需求的因素很多，有政治的、经济的、技术的、文化的、人口的，

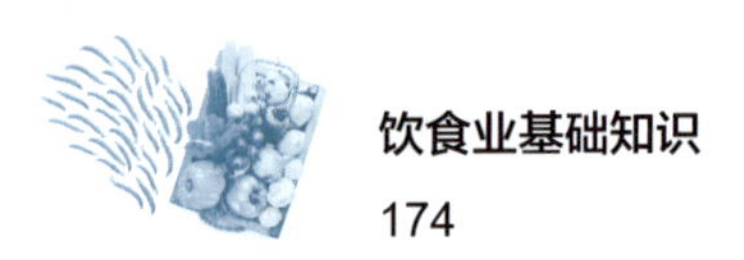

等等。饮食企业主要应着力于对顾客消费能力、饮食市场需求规模、饮食市场需求结构及顾客就餐消费动机等方面开展调研。

3. 市场供给调研

饮食市场供给调研是对影响饮食市场经营状况的诸多因素进行的调研，这些因素包括厨房生产技术设备、原材料供应、劳动力成本、就餐环境、服务质量、饮食产品毛利和价格等。

4. 顾客行为调研

饮食企业主要通过调查顾客的就餐动机、就餐行为、就餐过程和影响就餐行为的因素，探索顾客就餐的规律，从而据以决定经营策略。

5. 饮食产品调研

饮食产品调研内容主要包括顾客对饮食企业新产品的接受程度和消费潜力、饮食企业竞争产品状况、顾客对本企业现行产品的评价和态度等。

此外，饮食企业市场调研的内容还包括饮食产品价格、饮食企业广告、饮食企业公共关系等。

二、饮食企业目标市场选择

饮食企业要在市场调研的基础上，将目标市场进行分析和细分，总结出对本企业有利或不利的条件，进而选择适合本企业的目标市场。饮食企业要以目标市场顾客的需要作为企业开发产品和推销产品的依据。例如，位于城市商务区的饭店一般以附近上班的白领为目标市场，位于旅游风景点的饭店一般以游客为目标市场，位于居民区附近的饭店一般以附近的居民为目标市场。

1. 饮食企业市场分析

饮食企业市场分析主要是指对饮食企业所在地的市场环境、顾客消费需求、市场竞争以及本企业资源、能力等情况进行综合分析，从而为企业选择目标市场提供可靠依据的活动。

（1）市场环境分析

市场环境分析是在市场调研的基础上，了解饮食市场的动向、经济政策及发展趋势，并根据饮食企业所处的内外环境分析企业主要能吸引哪些市场，这些市场历年来需求规模的大小和发展趋势。例如，分析本地区、本地段饭店的数量、规模、档次、价格水平、接待服务能力以及客流状况、交通状况、顾客消费习惯和消费水平等。

（2）顾客需求分析

了解顾客的消费需求是饮食企业正确选择目标市场、做好市场营销的关键。顾客需求分析的主要内容如下：

1）影响顾客前来消费的主要因素。具体包括：顾客的购买力，顾客对本企业饮食产品、饮食服务、饮食设施了解的程度，本企业的服务质量和声誉状况等。

2）顾客心理需求分析。一般可以将顾客分为便利型、求廉型、享受型、求新型、健康型 5 种。

便利型顾客往往较注重服务场所和服务方式的便利，反对繁文缛节。这种类型的顾客大都时间观念强、有紧迫感，他们希望在接受服务时能方便、快捷，并讲究一定的质量。

求廉型顾客十分注重饮食消费价格的低廉、实惠。这种类型的顾客都具有精打细算的心理，十分注重菜点和服务的价格，对质量不过分苛求，达到物有所值即可。

享受型顾客多注重对菜点色、香、味、形的享受，注重环境、服务的档次，对价格不太关心。这种类型的顾客一般都具有一定的社会地位或经济实力，这些人是高档菜点和高档服务的主要消费者。

求新型顾客注重菜点或服务的新颖、别致、刺激。这类顾客以青年人为主，他们一般不过分计较价格高低。新奇的菜点、标新立异的餐厅服务等对这类顾客具有较大的吸引力。

健康型顾客注重菜点的营养保健功能，希望通过营养食疗达到治疗保健的目的，对于菜点的口味及服务不太在意。回归自然，追求健康和无污染的绿色食品是这类顾客的主流。

3）顾客就餐行为分析。具体包括：顾客喜欢点哪些菜点，就餐结束后哪些菜点剩余较多，顾客对企业的服务质量、服务方式、产品质量、产品价格等有何意见，需要饭店做哪些改进，等等。总之，企业通过顾客就餐行为分析，可以及时找出对本企业最有兴趣的那部分顾客，从而为选择目标市场提供可靠的依据。

（3）市场竞争分析

饮食企业的市场竞争分析是为企业选择目标市场和制定市场营销策略服务的，分析的内容主要有企业竞争对手的产品、设施、服务、地理位置、价格及销售策略等。通过这些分析，企业一方面可以为制定市场营销策略提供客观依据，另一方面可以找出与其他企业的差距，提高自身的服务质量及管理水平。

（4）企业自身实力分析

饮食企业的市场营销和市场竞争都是以企业自身综合实力为基础的，要使企业在市场竞争中立于不败之地，就必须了解企业自身的实力，如企业的整体形象、社会知名度、设施特点、服务项目特色、产品特色、价格档次以及工作人员的销售能力和服务水平等。通过对企业自身实力的分析，饮食企业可以了解自己在市场竞争中的地位，从而选择最适合本企业的目标市场。

2. 饮食企业选择目标市场的原则

饮食市场的顾客相当广泛和复杂。顾客的文化水平、宗教信仰、风俗习惯和性格特征不同，其对饮食产品和服务的需求和购买动机也就不同。根据这些差异，可以把饮食市场细分成一个个小的细分市场。市场细分是选择目标市场的基础。企业选定目标市场的过程就是市场定位。

饮食企业的市场定位必须准确，与企业的基本情况相匹配。企业选择的目标市场如果过大，对饮食产品和服务的要求过高，而企业没有足够的人力、物力和财力去适应，就不易取得成功。如果目标市场过小，则又会造成资源浪费，失去好的经营机会。饮食企业在选择目标市场时应遵循以下几个原则：

（1）目标市场要足够大

企业选择的目标市场人数要足够多，顾客的饮食消费能力要足够强，这样才能保证企业有可能赢利。

（2）目标市场要有充分的发展潜力

企业选择的目标市场的需求应尚未全部被满足，企业经过努力还能获得销售的机会，并可不断扩大。

（3）目标市场尚未被竞争者控制

企业选择的目标市场应是竞争还不太激烈的，这样有利于本企业争取先发优势，规避竞争风险。

第二节　饮食企业市场营销策略

饮食企业市场营销策略是指饮食企业根据自身内部条件和外部竞争状况所确定的关于选择和占领目标市场的策略。基于市场营销策略的一般框架，饮食企业市场营销策略主要包括产品策略、服务策略、价格策略及促销策略等。

一、产品策略

饮食企业产品策略的运用通常表现在以下几个方面：

1. 精品化

实施精品化策略，就是要狠抓饮食产品质量，从口味、造型、颜色、营养、盛器等各方面打造制作精良的菜肴、点心、饮料等产品。精品化策略与粗放的大众化策略不同，在产品数量和价格等方面必然有所舍弃。精品化策略一般适用于高档饮食企业，或致力于调整转型、提高档次的中低档饮食企业。

2. 特色化

特色化策略就是饮食企业在总体上形成并保持某种鲜明的、与众不同的风味特色（如麻辣）、品种特色（如海鲜、菌菇）或经营特色（如帐篷式餐厅），或者打造出出类拔萃的招牌菜点或特色菜点。纵观饮食业发展史，凡是知名饭店或经营成功的餐厅都有自己的特色菜点。许多饭店就是靠这些特色菜点创出的品牌，如北京“全聚德”的烤鸭、北京“东来顺”的涮羊肉、天津“狗不理”的包子、杭州“楼外楼”的“西湖醋鱼”（见图 8-1）。如果企业的产品平庸、缺乏特色，就很难给顾客留下深刻印象，

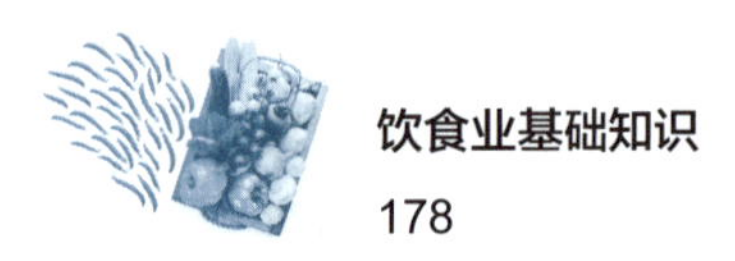

吸引到回头客。因此，饮食企业必须有自己的风味特色，要有叫得响的菜点，并把它做好、做精。

图 8-1 杭州“楼外楼”的“西湖醋鱼”

3. 创新化

创新化策略就是研究开发新的饮食品种，或者对原有的品种进行不同程度改良。现代饮食业竞争十分激烈，消费者的口味日趋多样且多变，特别是年轻一代，求新求变的心理非常强烈。而且，流行的菜点容易被大量仿制。所以，饮食企业不能只经营固定的品种，而要不断研究开发新产品，才能吸引顾客特别是回头客。即使是比较知名的老品牌产品，也要根据消费者口味的变化趋势加以改良，创造出新口味或新特色。

有的饮食企业每过一个阶段就推出一两种新菜点，从而能持续保持对顾客的吸引力，使企业保持平稳快速发展。有的企业为加快菜点的创新，会带着厨师走南闯北，甚至到边远的乡镇村寨吃遍当地菜点，从中发现、引进和开发适合顾客口味的新菜点。他们或研制出新奇菜点，或将原有名菜点在用料、色泽、造型、口味、名称上略加变化。例如：有些饭店在烹制川菜“夫妻肺片”时，根据当地人口味特点稍稍减轻了麻辣味，从而获得了更多消费者的认可；北京“汇珍楼”饭庄制作的“宫廷烤鸭”独具特色，既保持了传统的北京烤鸭风味，又大大降低了鸭皮的含油量；杭州某饭店在杭州菜的基础上大胆突破，融众家之长，创新出一系列师承各派、无宗无派的“迷宗菜”，风靡杭州城。

4. 组合化

组合化策略就是把两个以上的饮食产品或服务项目组合起来，以综合报价的形式销售给顾客。企业可以通过组合各种产品吸引不同的顾客，这也是产品创新的一种形式。

在实践中，有些酒店创造出各种婚宴组合产品，例如，酒店在提供宴席的同时，还免费提供婚礼蛋糕、部分软饮料、主桌鲜花等。一些综合性饭店还可免费提供新婚套房，并在客房里提供鲜花、水果和香槟酒等。

饮食娱乐组合产品也是常见的产品组合形式。例如，一些饭店除提供用餐外，还免费提供卡拉 OK、保龄球、游戏机等娱乐设施。

二、服务策略

饮食企业除了以优质的特色产品取胜以外，还必须在服务设施、服务形式、服务质量上下功夫，以优质的特色服务吸引并留住顾客，在激烈的竞争中取得成功。服务策略主要涉及服务项目、服务水平、服务形式三个方面。

1. 服务项目

饮食企业可以根据产品特点和顾客需求，开拓相应的服务项目。例如，一些快餐店提供免费送货上门服务，有的火锅店除了可送食材、配料上门外，还可送锅具上门，顾客吃完后火锅店还可上门回收锅具。近年来发展非常迅速的“海底捞”火锅店，就是以为顾客提供多种增值服务而闻名。“海底捞”为顾客提供美甲、免费擦鞋、免费停车等多种服务，这些服务吸引了很多顾客，并使客源保持稳定。

2. 服务水平

饮食企业可以通过多种方式提高服务水平，一般来说可以从以下四个方面入手：

一是迅速反应。例如，饮食企业设法减少顾客候餐的时间，对顾客反映的问题给予迅速及时的解决，都会提高顾客的满意度。

二是实施标准化服务。饮食企业可以制定服务的质量标准，如规定标准的服务流程、服务设施设备、服务技能、服务方法，以适应和方便顾客的需要。

三是加强服务过程的亲和性。例如，饮食企业要确保服务人员仪态端庄，热情饱满，和蔼可亲，使顾客感觉十分亲切。

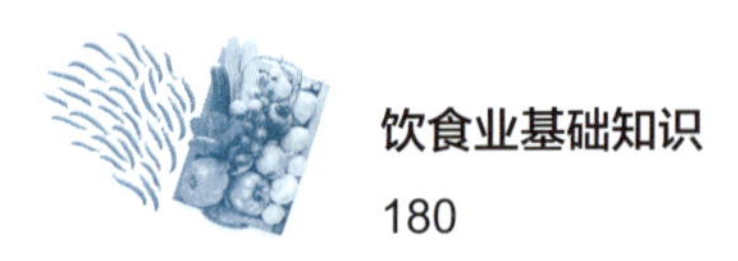

四是加强语言和行为的规范性。例如，饮食企业要确保服务人员服务语言文明得体，行为举止规范，让顾客感受到服务人员的高素质，加深对企业的良好印象，从而提高企业的美誉度。

3. 服务形式

饮食企业可以在服务形式上进行创新，为顾客提供便利，营造与众不同的氛围，给顾客带来独特的体验。例如，有的餐厅在每张餐桌上设置了对讲设备、点菜呼叫器等，方便顾客呼叫服务员，避免顾客较多时服务员照顾不周。又如，有的餐厅让所有服务员、送餐员都穿上轮滑鞋服务，给顾客带来了新奇的感觉。

某地有一家“垂钓餐厅”在餐厅周围开有鱼塘，环境迷人。要点吃鲜鱼的顾客可自行垂钓，由餐厅将所钓之鱼过秤后，根据顾客的要求烹制成各种美味。顾客不仅享有美味之乐，也享有垂钓之乐。该餐厅通过这种特别的服务形式吸引了许多顾客前来就餐。

国外有一家“动物餐厅”，餐厅里除了收银员和厨师外，其余的“服务员”全是训练有素的动物。当顾客跨进大门时，两只鹦鹉会立即用英语、法语和西班牙语问候顾客。接着就有一只猴子将顾客脱下的衣帽挂进存衣室。顾客坐定后，一只温顺的长耳犬立即迎上前来，嘴里叼着菜单，请顾客点菜。顾客用餐完毕准备结账时，会有两只身材高大的长毛猴取来衣帽递给顾客，并在手中端一个收银箱，讨取就餐费用。当顾客出门时，鹦鹉会向顾客道一声：“谢谢光临！欢迎再来！”那些热爱自然、喜爱动物的顾客无不慕名而至。

三、价格策略

价格策略是指企业通过对顾客需求的估量和成本分析，采用的各种定价方法与策略。饮食企业要把产品定价与企业的营销目标巧妙地结合起来，制定出既能为顾客接受又能够最好地实现企业营销目标的价格。饮食企业的价格策略一般可以分为以下几种：

1. 水准策略

（1）高价策略

高价策略也称取脂定价策略，是指采用高价迅速收回投资，力求较快取得收效的一种营销策略，有人形象地称其为“取脂策略”或“撇油策略”。一般来说，采用这一策略的饮食企业往往档次较高，餐厅装修豪华、气派，菜点质量高，格调高雅，坐落位置佳且具有高水平的服务，短期内又不可能出现众多的竞争对手。它们能刺激部分具有高消费水平顾客的消费欲，即使定价较高，也会取得较高的效益。

高价策略的优点是：有利于提高产品身价，满足顾客追求豪华高雅的心理需要；价格上留有余地，便于掌握开展价格竞争的主动权；获利较多，有利于增强企业实力。高价策略的缺点是：不利于开拓市场，也不容易满足大众化的消费需求。

（2）低价策略

低价策略也称渗透定价策略，是指产品上市之初，将其价格定得较低，接近成本价格，以吸引顾客并迅速打开销路、渗入市场的一种策略。低价策略一般适用于以下情况：一是饮食企业的主要目标顾客群体是大众消费者，顾客对价格十分敏感；二是企业因经营管理改善而使费用降低或使成本下降；三是企业需要与竞争对手争夺大量顾客。

低价策略的优点是：易吸引顾客前来消费，有利于迅速打开销路，扩大产品影响；便于获取较大市场份额，排斥竞争者介入。低价策略的缺点是：利润低，收效慢；虽能吸引顾客，但影响企业其他同类产品的销售；价格过低时，在特殊情况下（如竞争激烈、原材料涨价或成本提高）无法实施降价或涨价策略。

（3）平价策略

平价策略也称温和定价策略，即将产品价格定得不高不低，这样既能对顾客产生一定吸引力，又能使饮食企业有一定的盈利空间。国外也称之为“满意策略”或“君子策略”。

平价策略的优点是：便于企业实施标准化管理，容易受到大多数顾客的欢迎，适用性较强。平价策略的难点是确定一个企业与顾客双方都满意的价格点，即温和价格点。企业必须对市场需求以及本企业和同行的产品进行周密的分析和研究，才能确定比较合适的价格。

（4）组合定价策略

组合定价是指制定互补产品、关联产品的价格时，迎合消费者的某种心理，把有的产品价格定高一些，有的定低一些，以取得整体效益的定价方法。例如，餐厅可以适当降低高价菜点的价格，提高低价菜点的价格，使两者相互补充，增加总盈利。饮食业常用的组合定价策略有以下几种：

1）捆绑式定价。即将若干种产品组合在一起，其价格低于各种产品分别销售时的总价格，如快餐店设计的各种套餐。

2）备选品定价。即在提供主要产品的同时，还附带提供备选品与之搭配，其中

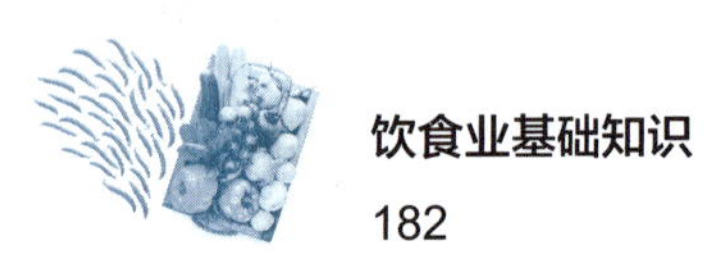

主要产品便宜，而备选品价格较高。例如，有些烧烤店的烧烤相对便宜，但啤酒比较贵。

3）均一定价。即把价值接近的产品组合在一起，以避免顾客对价格进行比较，如售卖“麻辣烫”时对不同品种均按签计价。

国外有些餐厅采取由顾客按质定价的方法。餐厅只标明菜点的成本价，顾客结账时，根据自己食用的多少，以及对菜点质量、服务的满意程度付钱，可多给或少给，甚至不给钱。

2. 心理策略

（1）尾数定价策略

消费者心理研究表明，绝大多数顾客普遍感觉到尾数定价比整数定价要便宜、精确一些。例如，某快餐店将一碗米粉的价格定为 19.80 元，而不是 20.00 元。这种策略主要适用于中低价位的产品，高档次、高价位的产品则不宜采用。

（2）整数定价策略

整数定价策略应用范围广，适用于高、中、低各档次饮食产品。一般来说，超过 100 元的饮食产品都不宜采用尾数定价策略，运用整数定价策略更为合适。

（3）声望定价策略

声望定价策略是根据饮食产品在消费者心目中的声望和地位来确定价格的一种定价策略。声望定价策略一般只适用于高档饭店的经典招牌菜点或宴席等。

（4）谐音口彩定价策略

谐音口彩定价策略是企业根据消费者讨口彩、图吉利的心理，尽可能使产品定价的发音与一些吉祥字、词发音相同或接近的一种定价策略。例如，很多饭店将菜点价格的个位数都定为 8，将宴席定价为 888 元、1 888 元、2 888 元等。

3. 优惠策略

（1）折扣与让价策略

折扣策略是指饮食企业采用按原价降低若干百分比（折扣率）的优惠方式来吸引顾客的一种策略。例如，一些饭店向顾客赠送优惠卡（券），顾客凭卡可享受一定的折扣，如图 8–2 所示。

● 图 8-2　麦当劳的限时优惠券

让价策略是通过赠送有价餐券或减价形式，给顾客一定价格优惠的策略。例如，有些饭店采用的“吃 100 送 50”“吃 200 送 100”的营销策略就是一种典型的让价策略。

（2）特价优惠策略

特价优惠策略主要包括开业亏损酬宾策略和特价品策略。

1）开业亏损酬宾策略。这种策略是一种通过短期亏损获取长期盈利或赢得顾客的策略。很多饭店在开业时会以低于成本的价格酬宾甚至免费酬宾，以便提高知名度，打开市场。采用开业亏损酬宾策略时应注意的问题如下：

一是酬宾对象可以有所限定，如比较知名的美食家、与企业有密切联系的合作伙伴、重点客户、企业周边的居民等。

二是应合理确定活动时间，酬宾时间不宜过长。

三是注意把酬宾活动与一些公关活动结合起来，并借助媒体加强宣传，制造一定的轰动效应。

四是注意酬宾活动的影响力，可以分批分次地在酬宾期内合理安排活动，以保证其持久效应。

2）特价品策略。特价品策略是指饮食企业利用节假日，选择一些或一种时令性较强的产品作为特价品，采取大幅减价（略高于甚至低于成本价）的方式吸引顾客，从而带动其他产品销售的价格策略。例如，某饭店曾推出“一元钱吃一条鲈鱼”的活动，在市场上引起了轰动，在活动首日便卖出鲈鱼 500 多条。在为期一个月的活动期间，该饭店虽在鲈鱼这道菜上亏损 16 万元，却吸引了成批顾客排队就餐，饭店当期总的毛利反而净增了 40 多万元。采用特价品策略应注意的问题如下：

一是特价品适用面要宽，时令性要强，这样能吸引更多的顾客。

二是特价品的数量和价格应适中，太多则企业负担过重，太少则顾客会不满意。

三是特价品应名副其实且保证质量。不可采取先涨价再标特价等方式，不可采用临近过期、低档的原材料制作特价品。

四是做好其他产品或服务的销售准备工作，以便借此机会进行推广，否则得不偿失。

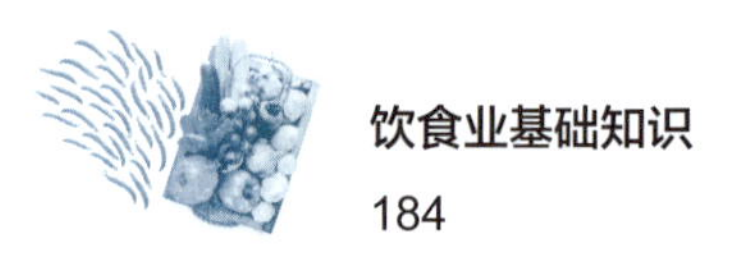

四、促销策略

1. 广告促销策略

广告促销是指通过大众媒介进行促销的一种方式。饮食企业既可以用广告推广自己的产品与服务，也可以用广告塑造企业的形象。按内容不同，饮食企业广告可分为新品广告、折扣广告、赠券广告、赠品广告、充值赠送广告、免费试用广告、企业形象广告等。

饮食企业在运用广告促销策略时应注意以下几点：

（1）选择合适的广告媒介

广告促销常用的媒介有电视、广播、报纸、杂志、互联网、自制印刷品（邮寄或现场发放）、公共交通工具、户外宣传板（或条幅）等。当前互联网发展非常迅速，应用日趋普及，已深深融入大众的日常生活，所以近年来饮食企业越来越多地利用互联网进行广告促销。

区域性户外广告是饮食企业常用的一种广告方式。一般来讲，大部分饮食企业的顾客群体都在企业周边几公里的范围内。因此，多在周边区域内做一些户外广告，既经济，效果又好。例如，饭店可以在路过店门口的公交车上做形象广告，在周围的街区做一些悬挂条幅广告、霓虹灯广告，在所处商厦的外墙上做大幅面形象广告，如图 8-3 所示。

● 图 8-3　某饭店开业户外广告

饮食企业选择广告媒介时主要应考虑以下因素：媒介影响范围和影响力、主要目标顾客接触媒介的习惯、广告目标要求、市场竞争状况、广告费等。

（2）突出自身特色

企业要通过广告宣传让顾客知道企业的形象特色和产品特色，尤其是在饮食经营精品化、特色化、专业化的今天，这一点尤为重要。例如，有一家名为“龙凤阁”的酒楼，其菜点质量、环境和服务都不错，但他们在做广告时面面俱到，没有突出自己的特色，上座率始终不高。后来，该酒楼调整了广告内容，着重宣传婚宴包席，结果生意逐渐红火起来。

（3）利用好饮食文化元素

饮食文化是饮食活动的一个重要元素，是饮食企业广告中非常有特色和吸引力的一个宣传点。饮食企业要结合自身特点，找准切入点，设计和发布好广告。例如：饭店可以从装修、环境的个性入手，强调自己的与众不同；老字号饭店可以突出自己的历史话题、人文掌故、故事传说等；有名人光顾过的饭店可以展示相关的照片、文字、墨迹等。

（4）做好广告设计与制作

饮食广告应追求设计出彩、制作精良，力求形象、逼真，才能达到引人食欲的效果。例如，美国有一家食品店在交通要道旁竖立了一面高数十米的巨型广告牌。行人走近它时，不仅能听到介绍面包的声音和悠扬的轻音乐，还可闻到一阵阵诱人的面包香味。

（5）选择好广告投放时间

饮食企业应根据广告目标、产品应季特点等因素选择好广告投放时间，一般来说可选择以下四种策略：

1）集中时间广告策略。即在一段时间内集中力量对目标市场实施突击性的密集广告攻势。

2）均衡时间广告策略。即在较长时期内有计划地、反复地在目标市场开展广告宣传活动。

3）季节性广告策略。即对季节性产品（如月饼、粽子等）在其销售旺季到来之前或销售过程中开展广告宣传活动。

4）节假日广告策略。即在节假日（包括公共节假日和各种地方美食节等）到来之前或期间集中开展广告宣传活动。

（6）广告内容诚实无欺

饮食企业切忌发布虚假广告。例如：发布打折广告就不能假打折，或者额外提出一些附加条件；发布赠送广告就不能赠出质量低劣的次品。虚假广告只会使企业的形象、声誉受损，在消费者心目中产生不良的影响。

（7）做好相关准备工作

饮食企业开展广告促销前一定要做好相关准备工作。有些饭店打出开业广告后，因为装修进度原因不能按期开业；有些饭店在设施、设备未准备好时就开业，造成出菜速度慢、服务跟不上等一系列问题。这些都会给顾客留下非常不好的印象，应加以避免。

2. 公共关系促销策略

饮食企业的公共关系包括两个方面：一是企业与新闻界、顾客、竞争者、当地各界知名人士以及政府机关、企事业单位和团体的关系，二是企业与职工的关系。良好的公共关系能加深企业与顾客的相互理解和联系，建立企业信誉，树立良好的企业形象；能提高企业在公众中的知名度，增强企业的竞争力；能激发企业员工的工作热情，促使员工充分发挥为企业贡献争光的积极性。

公共关系工作表现出较浓厚的人情味，功利色彩相对淡薄。从一定程度上来说，企业公共关系工作的目标并非直接服务于促销，它强调的是使企业建立和维持一种良好的社会关系。对饮食企业特别是大型饮食企业来说，公共关系促销是一种重要的促销手段。

饮食企业的公共关系促销策略有两种。一种是进攻性策略。例如，饮食企业积极参加慈善事业、救灾活动等社会性、公益性、赞助性公关活动，扩大企业的社会影响，提高企业的信誉，赢得社会公众的了解、支持、赞扬和爱护，从而使企业树立良好的社会形象。二是防守性策略，即企业通过开展公关活动，避免或减轻对企业声誉的不良影响。例如，面对偶然发生的食物中毒、火灾、顾客投诉等，饮食企业要着重宣传企业如何认真负责，如何积极、妥善地为就餐者排忧解难并清查事故原因，以尽可能地减轻对企业的不利影响。

3. 营业推广策略

营业推广是在特定的目标市场中，为了迅速而有效地刺激需求而采取的一些非周期性的促销活动，如免费提供样品、赠送优惠券、开展打折活动、进行有奖销售等。饮食企业在开业、举办节假日促销活动、举办周年庆祝活动时常采用这种策略。这种促销策略的主要目的在于扩大影响，增加销量。但是，如果使用不当，也会产生拉低产品档次或形成促销依赖的不利效果。

4. 人员促销策略

人员促销是企业销售人员直接向顾客传播产品信息，促使其购买或消费的一种促销方式。许多饮食企业在开业时都会安排一些促销人员，在企业周边的小区、商场、公园等公共场所开展促销活动。有的饮食企业会定期走访周边的重点团体客户，针对他们的需求和特点进行促销，如推销工作餐和单位活动餐等。人员促销能否获得成功的关键不仅在于产品本身的优势，而且在于促销人员的素质和促销技巧，更在于对报酬与业绩采用更加紧密的联动机制，以调动促销人员的积极性和创造性。

为了对重要客户做好人员促销，饮食企业要收集好客户的信息，建立客户档案，如客户的地址、名称、联系人、对饮食的要求和费用标准等。只有准确了解客户的需求，促销人员才能有针对性地做好促销工作。同时，促销人员还要与重要客户的联系人加强联系和沟通，通过他们了解客户在饮食需求上的想法及变化等。

此外，饮食企业还可以采取其他方式开展促销。例如，多家饮食企业或者饮食企业与其他行业的企业可以开展联合促销。有些饭店联合举办风味美食节，在市场上逐渐打响品牌。有些饭店与旅行社、长途汽车公司联合，共同进行促销，取得了不错的效果。

第三节　饮食企业店址选择与整体设计

对于饮食企业来说，店址的选择和整体设计是至关重要的。经营地址及整体设计风格是制定饮食企业经营目标和经营战略的重要依据。从广义上讲，饮食企业的店址选择与整体设计也是饮食企业市场营销的一部分，是企业利用相关资源创造市场价值的一类行为。

一、饮食企业的店址选择

饮食企业的店址选择是指企业根据经营目标选择合适的经营地址。一般来说，饮食企业应尽量选择在旅游胜地、体育中心、娱乐场所、大公司、大宾馆、车站、码头等附近开店，不宜与医院、药房或丧葬用品店等相邻。不同档次的饮食企业由于服务的客户群不同，其店址也应有所区别。

1. 高档饮食企业的店址选择

高档饮食企业选择店址时要注意以下三点：

（1）交通条件

高档饮食企业的店址必须交通便利，进车、停车方便、安全，即便偏远一些也没有关系，这是因为在这里就餐的顾客往往自驾或用车接送同伴。

（2）环境状况

高档饮食企业周边环境要整洁、幽雅，这样能吸引更多顾客。

（3）顾客消费层次

高档饮食企业一般面向消费层次较高的顾客，因而适于开设在高档商圈、高收入企业周边、房价较高的住宅区，以及高档宾馆、饭店较集中的地段。

2. 中低档饮食企业的店址选择

中低档饮食企业面向的顾客主要是工薪阶层、流动人口和一般居民，一般适于在以下地点选址：

（1）人流密集的地点

机场、车站、码头、购物中心、文化娱乐场所、批发市场等附近地区，是开设中低档饮食企业的首选地点。这些地方的人们一般不是专门为了享用美食，而是在旅行、购物、娱乐中顺便用餐。他们一般没有高消费的能力和充裕的时间。

（2）饮食企业密集的地点

饮食企业密集的地点往往具有消费带动效应，容易吸引更多的客流，比较适合中低档饮食企业开店。但在这类地方开店，企业一定要有自己的风味特色，同行之间既要有竞争又要有配合。

（3）新兴的居民小区

投入资金不多、刚刚涉足饮食业的经营者，应避免在竞争激烈的地点开店，最好是在新兴的居民小区先开一家中低档饮食企业，摸索经验，逐步发展。在小区开设中小型饭店，无须停车场，也无须豪华的装修，只要卫生环境好，菜点经济实惠，可以很快见到效益。

二、饮食企业的整体设计

饮食企业的整体设计主要是指饮食企业整个运营系统的设计、规划，一般包括企业的命名、企业的外观设计及店内布局等。

1. 饮食企业的命名

企业命名是饮食企业整体设计中的一项重要内容，它对企业的经营有重要影响。一个好的店名必须符合企业目标顾客的层次，符合企业的经营宗旨和格调，这样才能有助于树立企业形象，增强对顾客的吸引力。饮食企业命名时应注意以下几点：

（1）符合顾客的层次

如果饮食企业设在车站、码头、机场附近，接待的多是流动人员，则店名应简洁明快一些，如“迎宾饮食店”“惠民餐厅”“蓝天饭店”等。如果企业设在文化区，接待的多是文化层次较高的顾客，则店名应高雅一些，如“带江草堂”“湘江别馆”等，透露出浓浓的文化气息，增添情趣。如果饭店设在教育园区，接待的顾客大多为学生，

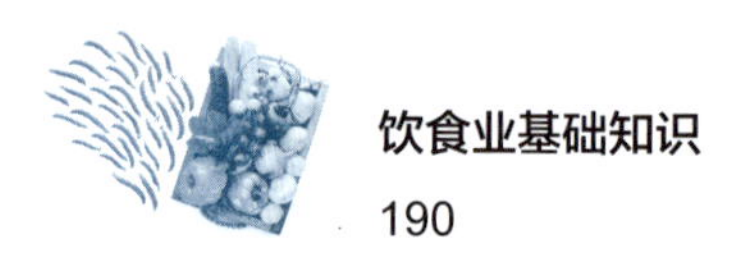

则店名可以西化一点、浪漫一点，如“郁金香餐厅”“红玫瑰餐厅”“巴客船饭店”等。

（2）反映企业的风味特色

店名应充分反映企业的风味特色，以便向顾客明确地传递信息，吸引顾客注意。有的是直接点明，如“天津狗不理包子”“老川菜”；有的是暗示，如“晋阳楼”是山西风味，“天天渔港”“南海渔村”是以经营海鲜为主。

（3）符合企业的档次

1）高档饮食企业。高档饮食企业的装潢、菜点和服务往往都是按一流标准设计和实施的，其服务对象主要是高档消费者，因此应尽可能选择高贵豪华的店名，以便显示出企业的档次，如“路易十五餐厅”“贵宾楼饭店”“王府饭店”等。当然，并不是所有的高档饮食企业都必须取一个华贵的店名。一些传统名店特别是具有一定知名度的老字号饭店，其店名并不一定具有华贵之气，如我国的“长城饭店”“香山饭店”等，这并不影响它们的高档之誉。

2）中低档饮食企业。中低档饮食企业可以以人名、地名命名。以从业者人名作为店名，如“麦当劳”“九妹饭店”“二姐餐厅”等，会使顾客感到亲切温馨。以地名命名店名，如“加州牛肉面”“晋阳楼”“杏花村”“老四川”等，可以使顾客感受到浓浓乡情，并直接了解饭店的风味特色。中低档饮食企业取名切忌片面追求高、大、洋气，脱离企业实际。例如，有的饭店规模很小，却取名“××大世界”“××美食城”等，就十分不妥。

（4）易读、易记、易听、易念

店名首先要易读、易记，这样更容易给顾客留下印象；其次，店名应易听、易念，这样便于顾客通过电话联系或订餐，也便于顾客向其他人推荐介绍。因此，店名一般要笔画少，字数以 2~5 个字为宜。如果字数太多，既拗口又难记。店名最好用通俗的字，不要用生僻字，以免使人感到隔膜、生疏。

（5）避免雷同、不落俗套

店名应具有自己的特色，以便给顾客留下深刻的印象。

（6）新颖别致、雅俗共赏

饮食企业可从古诗词中寻找命名的灵感，使店名带有文化色彩，如杭州的“楼外楼”饭店、“山外山”菜馆等。此外，也可洋为中用，取一些带有西方特色的店名，如“得唯特酒家”“味特饭店”等。

2. 饮食企业的外观设计

饮食企业的外观主要由建筑外观造型、招牌和门面装潢以及店外环境组成。外观是饮食企业给顾客的第一印象，人们常常通过外观特征识别一个企业，外观优美的饮食企业对顾客有特殊的吸引力。因此，饮食企业应重视外观设计，以树立良好的企业形象。饮食企业应该具有与其经营项目相协调的外观。

外观设计虽然是建筑师的任务，但饮食业从业人员也应该学习有关知识，以便能够根据饮食企业的特点提出要求，给出建议，审核设计方案，纠正设计不足。

（1）建筑外观造型

饮食企业的建筑外观造型在突出企业外在形象、加强吸引力方面起着非常重要的作用。饮食企业的建筑外观造型大致可以分为五种不同的类型，具体见表 8–1。

表 8–1　　饮食企业的建筑外观造型

类型	特点	图例
宫殿式	这类建筑模仿我国古代宫殿风格，外观庄严雄伟，金碧辉煌，多用朱红柱头、雕梁画栋，并饰以宫灯、匾额，如北京颐和园的“听鹂馆饭庄”、上海南京西路的“梅龙镇酒家”等	 北京颐和园“听鹂馆饭庄”
园林式	这类建筑坐落在园林之中，是园林的有机组成部分。例如，广州的“南园酒家”、杭州的“山外山”菜馆都是园林之中有餐厅，餐厅在园林之中依地而建	 杭州“山外山”菜馆
民族式	这类建筑具有浓厚的民族风格。例如，杭州的“楼外楼”饭店，其飞檐就具有显著的民族特色	 杭州“楼外楼”饭店

续表

类型	特点	图例
现代式	这类建筑造型干净利落，或挺拔高耸，或风格奇异，有的还采用玻璃反光幕墙、旋转餐厅等，具有浓厚的现代气息，如北京的“硬石”餐厅、上海的“新雅粤菜馆”等	上海“新雅粤菜馆”
综合式	在我国，纯粹宫殿式、园林式、民族式的饮食建筑不多，而以一种风格为基调兼有其他风格的较多。此外，还有一类建筑综合了各种风格之长，形成一种新的形式，如杭州的“知味馆”、北京的“全聚德”等	北京“全聚德”

在设计饮食企业的建筑外观造型时要考虑以下几个因素：

一是建筑物外观要与周围环境和谐统一、融为一体，形成舒适协调、相得益彰的效果。

二是建筑物的外观应与饮食企业的档次一致。

三是要根据饮食企业的经营内容、经营形式和特色确定建筑外观造型的表现形式，使顾客通过建筑外观就能基本了解饮食企业的经营内容、规模和特色。

四是注意地区特色、民族特色，同时还应有时代感。对于一些经营传统风味菜点或具有很强民族特色的饮食企业来说，应把民族风格或地方特色与时代特征有机结合起来，既体现企业的现代意识，又反映出企业的经营范围。

（2）招牌和门面装潢

招牌和门面装潢是饮食企业外观的重要组成部分。在大中城市的闹市区，行人沿街所看到的往往是街道两侧的店铺门面及招牌。因此，要注重饮食企业招牌和门面装潢，给人们留下深刻的印象。

招牌是十分重要的宣传工具，它在企业的外观设计上往往起到画龙点睛的作用。所以，饮食企业要充分利用自己的招牌来显示企业的风格和档次。招牌要大而醒目，晚上要有灯光照明，要让路人不论白天还是晚上都能远远看见。常见招牌的类型及特点见表 8-2。

表 8-2　　常见招牌的类型及特点

类型	特点
直立式招牌	直立式招牌是在饭店门口或门前竖立的带有饭店名字的招牌。这种招牌比贴在门上或门前的招牌更能吸引顾客。同时，它不像门上的招牌那样受篇幅的限制，而且在直立式招牌上可以设计美丽的图案
人物、动物造型招牌	人物或动物造型招牌具有较强的趣味性。在这些招牌上可列出饭店的名字和一些特色菜。人物和动物的造型要明显地反映饭店的风格，使人在远处就能看到前面是什么类型的饭店。这类招牌多用于具有轻松气氛的中小型饮食店中，如风味饭店、咖啡厅、酒吧等
霓虹灯、灯箱招牌	在晚间，霓虹灯和灯箱招牌能使饭店的外观格外明亮醒目，同时，也能营造出热闹和欢快的气氛。这类招牌的设计要尽量新颖，以达到独具一格的效果
壁式招牌	壁式招牌是贴在墙上的招牌。这类招牌的可见度不如其他类型的招牌，因此在设计时，要设法将这种招牌从墙上突显出来，以吸引人们的注意
悬吊式招牌	悬吊式招牌是挂在饭店门口的招牌，一般其双面都印有店名，并且招牌挂得较高，比较突出，可使两边往来的人们远远地看到招牌。为了吸引顾客，也可在招牌上印上与就餐有关的图案，如餐具、食物等

门面装潢是饮食企业内部装潢的外在表现。门面装潢应与本店的档次相适应，将内部设施、内部装潢的水准在门面上反映出来。整个门面装潢要美观大方，要注意烘托和突出招牌，并能显示出饮食企业的经营范围和服务特色。

知识链接

中低档的饭店不必把门面装修得过于豪华，而高档饭店则要求有较为讲究的门面。设有橱窗的饭店可在橱窗里摆放花木、盆景或展示本店的一些名特菜点。

在门面装潢上要讲究色彩的运用，要注意门面建筑色彩、招牌色彩、橱窗和灯光色彩之间的整体协调，特别是要注意霓虹灯的运用，通过灯光巧妙地变色和闪烁。这样既可以活跃店面的气氛，也可以美化饭店及其周围街道的夜间形象。

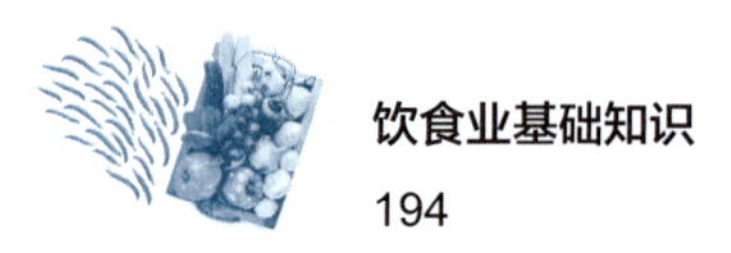

(3)店外环境

店外环境是顾客最初接触到企业的地方，也是顾客进出企业的必经之地。店外环境的总体布局要合理，有韵律感、节奏感。店外的绿植、水池、装饰物、庭院、交通道、停车场等都要因地制宜，合理布局，突出文化性、美感和气氛。特别要注意店外环境的清洁卫生，哪怕是店外树木的叶子也不能沾满尘土。只有清洁的外观才能使人们相信餐厅的环境和食品是清洁卫生的。

3. 饮食企业的店内布局

饮食企业要根据经营服务的要求对店内经营场地进行规划，确定各场地的不同用途和所占面积，形成合理的布局，以提高服务质量和经营效益。店内布局要考虑多方面的因素，归纳起来可分为外部因素和内部因素。

在店内布局符合有关规定的前提下，要重点考虑内部因素。内部因素主要包括经营性场地面积与非经营性场地面积的比例、各生产部门或设备设施所占用面积之间的比例、各非生产部门或设备设施所占用面积之间的比例，如办公室与厨房餐厅面积的比例、厨房与餐厅面积的比例等。此外，店内布局还要考虑各部门所需的各种设备设施的摆放位置及其使用要求，例如，炉灶的摆放位置以及其所在位置的排气、排水等附属设施是否符合要求。外部因素可以结合店外环境布局统筹考虑。

思考与练习

1. 饮食企业市场调研的内容主要有哪几个方面?
2. 饮食企业在选择目标市场时应遵循哪些原则?
3. 饮食企业产品策略的运用通常表现在哪些方面?
4. 饮食企业可以通过哪些策略提高服务水平?
5. 简述饮食企业的价格策略。
6. 饮食企业在运用广告促销策略时应注意哪些问题?
7. 简述饮食企业整体设计的内容。